Pascal Bolz

Das Schutzschirmverfahren nach dem Gesetz zur weiteren Erleichterung der Sanierung von Unternehmen (ESUG)

Bolz, Pascal: Das Schutzschirmverfahren nach dem Gesetz zur weiteren Erleichterung der Sanierung von Unternehmen (ESUG). Hamburg, Bachelor + Master Publishing 2015
Originaltitel der Abschlussarbeit: Das Schutzschirmverfahren nach dem Gesetz zur weiteren Erleichterung der Sanierung von Unternehmen (ESUG)

Buch-ISBN: 978-3-95820-385-3
PDF-eBook-ISBN: 978-3-95820-885-8
Druck/Herstellung: Bachelor + Master Publishing, Hamburg, 2015
Zugl. FOM - Fachhochschule für Oekonomie und Management Essen, Essen, Deutschland, Bachelorarbeit, Oktober 2014

Bibliografische Information der Deutschen Nationalbibliothek:
Die Deutsche Nationalbibliothek verzeichnet diese Publikation in der Deutschen Nationalbibliografie; detaillierte bibliografische Daten sind im Internet über http://dnb.d-nb.de abrufbar.

© Bachelor + Master Publishing, Imprint der Diplomica Verlag GmbH
Hermannstal 119k, 22119 Hamburg
http://www.diplomica-verlag.de, Hamburg 2015
Printed in Germany

Inhaltsverzeichnis

Abkürzungsverzeichnis

a. F.	alte Fassung
Abs.	Absatz
AG	Amtsgericht
AO	Abgabenordnung
BGB	Bürgerliches Gesetzbuch
BGBl.	Bundesgesetzblatt
BGH	Bundesgerichtshof
BMJV	Bundesministerium für Justiz und für Verbraucherschutz
BRD	Bundesrepublik Deutschland
BR-Drs.	Bundesrat Drucksache
BT-Drs.	Bundestag Drucksache
bzw.	beispielsweise
CDU	Christlich Demokratische Union
CSU	Christlich Soziale Union
DDR	Deutsche Demokratische Republik
DiskE	Diskussionsentwurf
DZWIR	Deutsche Zeitschrift für Wirtschafts- und Insolvenzrecht
ESUG	Gesetz zur weiteren Erleichterung der Sanierung von Unternehmen
et al.	et alii (und weitere)
FDP	Freie Demokratische Partei
ff.	fortfolgende
FMStG	Finanzmarktstabilisierungsgesetz
h. M.	herrschende Meinung
Hrsg.	Herausgeber
i. d. R.	in der Regel
i. S. d.	im Sinne des
i. V. m.	in Verbindung mit
InsO	Insolvenzordnung
InsVV	Insolvenzrechtliche Vergütungsverordnung
KG	Kommanditgesellschaft
KGaA	Kommanditgesellschaft auf Aktien

LG	Landgericht
MoMiG	Gesetz zur Modernisierung des GmbH-Rechts und zur Bekämpfung von Missbräuchen
n. F.	neue Fassung
Nr.	Nummer
NZI	Neue Zeitschrift für das Recht der Insolvenz und Sanierung
OHG	offene Handelsgesellschaft
OLG	Oberlandesgericht
PartG	Partnerschaftsgesellschaft
Rn.	Randnummer
SGB	Sozialgesetzbuch
StBerG	Steuerberatungsgesetz
StGB	Strafgesetzbuch
u. a.	unter anderem
u. U.	unter Umständen
USA	United States of America
vgl.	vergleiche
VR	Verwaltungsrundschau
z. B.	zum Beispiel
ZInsO	Zeitschrift für das gesamte Insolvenzrecht
ZIP	Zeitschrift für Wirtschaftsrecht
ZPO	Zivilprozessordnung

1 Einleitung

1.1 Problemstellung

In der aktuellen Auflage der Insolvenzordnung (InsO), welche zum 01.01.1999 in Kraft getreten ist, ist durch § 1 InsO das oberste Verfahrensziel, die Gläubiger gemeinschaftlich zu befriedigen. Mit der Neueinführung dieser InsO wird jedoch auch erkennbar, dass der Gesetzgeber nun auch die Sanierung notleidender Unternehmen vorsieht, anstatt diese zu liquidieren.[1] Es sollte ein Grundstein für den Erhalt der Unternehmen gelegt werden, damit sie wieder wettbewerbsfähig werden, bzw. es weiterhin bleiben. Als Vorbild galt das erfolgsversprechende amerikanische Insolvenzrecht nach *Chapter 11*, da die dortigen Sanierungen sehr erfolgreich verlaufen und eine zweite Chance für ein Unternehmen als ein gängiges Verfahren angesehen wird. Allerdings konnte dieser Erfolg nach Deutschland nicht übertragen werden, sodass wieder ein Handlungsbedarf seitens des Gesetzgebers geboten war. Es folgte die Einführung des Gesetzes zur weiteren Erleichterung der Sanierung von Unternehmen (ESUG) und mit ihr neue Instrumente, die mit ihrer Umsetzung in der Praxis zu einer neuen Insolvenzkultur in Deutschland führen sollten.[2]

Dem Unternehmen stehen für die Sanierung folgende Instrumente zur Verfügung:[3]

- übertragende Sanierung
- Insolvenzplanverfahren sowie
- eigenverwaltetes Insolvenzverfahren insbesondere das „neue" Schutzschirmverfahren.

Die Unternehmensfortführung ist dabei für das ESUG und seinen Instrumenten eine wesentliche Voraussetzung und ein direkter Unterschied zum Regelinsolvenzverfahren, mit welcher das Unternehmen aufgelöst werden würde.[4]

Wie bereits erwähnt, bleibt trotz der neuen Sanierungsmöglichkeit durch die Einführung des ESUG weiterhin das oberste Gebot bestehen, dass die Gläubiger gemeinschaftlich befriedigt werden sollen. Hierzu dient vor allem auch das Anfechtungsrecht der InsO, mithilfe dessen die Möglichkeit besteht, die Insolvenzmasse in den Zustand zurückzuversetzen, welcher bestanden hätte, wenn eine für andere Gläubiger benachteiligende

---

[1] Vgl. Diss. Lixfeld, S. (2010), S. 1.
[2] Vgl. Vgl. Harant, I. (2013), S. 1.
[3] Hohberger, S., et al. (2014), S. 328.
[4] Vgl. Hohberger, S., et al. (2014), S. 328.

Rechtshandlung nicht erfolgt wäre. Dem Insolvenz- bzw. Sachwalter werden durch die §§ 129 ff. InsO eine Reihe von Anfechtungsmöglichkeiten zur Seite gestellt, die dem Wohle aller Gläubiger nützen und nicht einen allein bevorzugen.[5]

Vor bzw. in der Phase der Unternehmenssanierung können Fehler seitens des GmbH-Geschäftsführers auftreten. Dabei kommen eine Reihe strafrechtliche sowie haftungsrechtliche Tatbestände in Betracht, die weitreichende Konsequenzen für den Geschäftsführer selbst mit sich bringen. Allen voran gilt die Insolvenzverschleppung als häufigster Tatbestand in der Unternehmenskrise. Der Geschäftsführer haftet dann höchst selbst. Aber auch in Zeiten vor der Unternehmenskrise kann der Geschäftsführer in Regress genommen werden, wenn durch ihn das Unternehmensvermögen beeinträchtigt wird und es auf ein schuldhaftes Handeln dessen zurückzuführen ist.[6]

Das Schutzschirmverfahren wird mittlerweile von vielen Unternehmen und der Öffentlichkeit anerkannt und zur Unternehmenssanierung vermehrt angewandt, so auch u. a. der Verlag Suhrkamp, der Fernsehgerätehersteller Loewe, der Maschinenbauer Centrotherm oder die Immobilienfirma IVG Immobilien[7], wenngleich auch festgehalten werden muss, dass dieses Verfahren fast ausschließlich eher von größeren Unternehmen genutzt wird.[8]

Das Schutzschirmverfahren als besonderes Instrument der Eigenverwaltung hat in dieser Thesis einen zentralen Stellenwert und es wird in der weiteren Analyse regelmäßig Bezug auf dieses Instrument genommen.

1.2 Zielsetzung und Gang der Untersuchung

Das Ziel der vorliegenden Arbeit ist es, die Eigenverwaltung und insbesondere das Schutzschirmverfahren vor dem Hintergrund der Anfechtungsrisiken und der Haftung des GmbH-Geschäftsführers zu beleuchten. Um dieses Ziel zu erreichen, ist diese Thesis in vier Kernelemente gegliedert. Zunächst werden die Grundlagen des Insolvenzrechts erörtert. Es werden kurz die Phasen der Unternehmenskrise dargestellt, die die letztlich ein Handeln des Unternehmens erforderlich werden lassen. Weiter folgt die Definition bzw. Abgrenzung zwischen dem Insolvenzverwalter und dem vorläufigen Sachwalter.

---

[5] Vgl. Thole, Ch. (2010), S. 5 ff..
[6] Vgl. Jula, R., et al. (2010), S. 154 ff..
[7] Vgl. Handelsblatt, Schöner Scheitern, Abruf: 31.08.2014.
[8] Vgl. Perspektive Mittelstand, Zwei Jahre Schutzschirmverfahren - eine Bilanz, Abruf: 27.09.2014.

Für den Einstieg in die Thematik werden die Kernelemente des ESUG mitsamt der Änderungen durch den Gesetzgeber im Bezug zur alten Insolvenzordnung erörtert. Insbesondere liegt der Schwerpunkt hier auf der Eigenverwaltung sowie dem Schutzschirmverfahren als besonderes Instrument der InsO. Da diese beiden Instrumente sehr eng miteinander verknüpft sind, ist eine Vorstellung beider erforderlich, um den Gesamtkontext zu verdeutlichen. Neben den gesetzlichen Normen soll die Wichtigkeit dieser Neuerungen dargestellt werden. Zudem wird der Sachwalter als wichtige Figur in der Sanierung mitsamt seiner Aufgaben und Pflichten, sowie seiner Befugnisse vorgestellt.

Bezugnehmend auf das Schutzschirmverfahren kommt es in der Praxis immer wieder zu Anfechtungsgründen, die zum Schutz der Insolvenzmasse durch den Insolvenzverwalter respektive dem Sachwalter geltend gemacht werden können. Die wichtigsten Anfechtungsgründe werden konkret dargestellt. Hierbei relevant sind neben der Deckungsanfechtung unter anderem auch Handlungen, die sich gegen den Gesellschafter richten. Aber nicht nur Anfechtungen sind in der Insolvenz von großer Bedeutung. Auch Fehler des GmbH-Geschäftsführers können weitreichende Konsequenzen für ihn und das Unternehmen aufweisen. Hier werden Straftaten wie die Insolvenzverschleppung oder aber die Veruntreuung von Arbeitsentgelten sowie weitere strafrechtliche Konsequenzen näher beleuchtet.

Abgerundet wird diese Thesis mit einer detaillierten kritischen Würdigung der Erkenntnisse im Zusammenhang mit dem Schutzschirmverfahren und einem Fazit.

2 Grundlagen des Insolvenzrechts

2.1 Wesen des Insolvenzrechts

Das Insolvenzrecht kommt dann zum Einsatz, wenn ein Unternehmen in Not gerät und ohne weiteres nicht eigenständig in der Lage ist, diese Krise zu bewältigen. Eine Krise stellt die Existenzfähigkeit eines Unternehmens in Frage und erzwingt dadurch einen Handlungsbedarf, der Krise entgegenzusteuern. Insolvenzrechtlich gesehen tritt eine Krise dann ein, wenn ein Insolvenzeröffnungsgrund nach §§ 17 – 19 InsO[9] gegeben ist.[10]

---

[9] Insolvenzeröffnungsgründe nach §§ 17 – 19 InsO: Zahlungsunfähigkeit, drohende Zahlungsunfähigkeit, Überschuldung, siehe Kapitel 2.2 dieser Thesis.
[10] Vgl. Kaufmann, S. (2011), S. 12.

Mit der Einführung der neuen InsO wurde die 1877 im Deutschen Reich entstandene und für die Bundesrepublik Deutschland (BRD) geltende Konkursordnung und Vergleichsordnung einerseits und die Gesamtvollstreckungsverordnung der Deutschen Demokratischen Republik (DDR) andererseits abgelöst und das Insolvenzrecht grundlegend neu überarbeitet.[11] Der Gesetzgeber reformierte das deutsche Insolvenzrecht, um nun flächendeckend in der Bundesrepublik Deutschland ein konformes und für alle gleich geltendes Insolvenzrecht zu ermöglichen.[12]

Nun ist es gemäß § 1 InsO nicht mehr nur Ziel, alle Gläubiger eines Schuldners zu befriedigen, sondern nach § 1 Satz 2 InsO dem Schuldner die Möglichkeit zu geben, seine Verbindlichkeiten vollständig zu bedienen und sich damit zu sanieren, anstatt das Unternehmen zu liquidieren. Der Schuldner soll also die Möglichkeit erhalten, sich mit dem Unternehmen weiter am Markt zu halten, anstatt es aufzulösen.[13] In Zeiten vor der InsO kannte das Gesetz nur die Liquidierung des Unternehmens. Durch die Novellierung der InsO wendete sich die Einstellung des Insolvenzrechts, da es nun bedeutender wurde, das Unternehmen mit allen Mitteln des deutschen Insolvenzrechts zu erhalten. Im Insolvenzrecht ist ein derartiger Wandel kaum zu übertreffen.[14]

Das Insolvenzrecht dient zum einen der Fixierung der wirtschaftlichen Situation des Schuldners und der Auflistung aller Gläubiger mit ihren Forderungen. Zum anderen sollen so viele Gläubiger wie möglich mit dem noch verbleibenden Vermögen des Schuldners befriedigt werden.[15] „Das Insolvenzrecht greift, sobald sich die Zahlungsunfähigkeit des Schuldners offenbart"[16], welche in § 17 InsO definiert ist.

Weitere Ziele der Reform waren:[17]

- Erhöhung der zur Verfügung stehenden Verteilungsmasse
- Erhöhung der Verteilungsgerechtigkeit
- Stärkung der Gläubigerautonomie
- Gleichwertigkeit der Verwertungsalternativen
- Möglichkeit des wirtschaftlichen Neuanfangs für den Schuldner

---

[11] Vgl. Becker, Ch. (2009), S. 21, Rn. 51.
[12] Vgl. Dobler, T. (2002), S. 11.
[13] Vgl. Dumser, K., et. al. (2010), S. 205, Rn. 7 ff..
[14] Vgl. *Vallender*, NZI 2010, 838, 840.
[15] Vgl. Keller, U. (2006), S. 2 ff..
[16] Keller, U. (2006), S. 3.
[17] Dobler, T. (2002), S. 11.

- Entstigmatisierung der Insolvenz
- Förderung der außergerichtlichen Sanierung.

2.2 Insolvenzgründe

2.2.1 Zahlungsunfähigkeit

Nach § 17 InsO bedeutet Zahlungsunfähigkeit, dass der Schuldner aufgrund fehlender finanzieller Möglichkeiten seinen Verpflichtungen zur Zahlung der fälligen Verbindlichkeiten nicht nachkommen kann. Hierbei handelt es sich um einen allgemeinen Eröffnungsgrund zum Insolvenzverfahren.[18]

Hat ein Schuldner seine Zahlungen eingestellt, kann von einer Zahlungsunfähigkeit ausgegangen werden und es entsteht eine Liquiditätslücke.[19] Auch ist dies anzunehmen, wenn der Schuldner kurzfristig nicht in der Lage ist, die benötigten Mittel zur Befriedigung der Verbindlichkeiten zu beschaffen. In der allgemeinen Rechtsprechung wird als Kurzfristigkeit drei Wochen für angemessen erachtet. Der Status der Zahlungsunfähigkeit des Schuldners ändert sich auch dann nicht, wenn er einzelne Beträge begleicht, im gesamten jedoch die Zahlung eingestellt hat.[20]

Indizien, die auf eine Zahlungsunfähigkeit des Schuldners hinweisen, sind u.a.:[21]

- rückständige Lohn- und Gehaltszahlungen,
- rückständige Sozialversicherungsleistungen und Steuern,
- rückständige Kreditraten,
- nicht ausdrücklich genehmigte Kontoüberziehungen,
- rückständige Miet- und Leasingraten,
- Überziehung von Lieferantenkrediten.

Wie hoch die Liquiditätslücke sein darf, hat der Bundesgerichtshof in seinem Urteil vom 25.05.2005 definiert:

„Beträgt eine innerhalb von drei Wochen nicht zu beseitigende Liquiditätslücke des Schuldners weniger als 10 % seiner fälligen Gesamtverbindlichkeiten, ist regelmäßig von

---

[18] Vgl. Zimmermann, W. (2012), S. 11, Rn. 44.
[19] Vgl. Häger, M., et al. (2005), S. 18.
[20] Vgl. Crone, A., et al. (2014), S. 19 ff..
[21] Crone, A., et al. (2014), S. 20.

Zahlungsfähigkeit auszugehen, es sei denn, es ist bereits absehbar, daß die Lücke demnächst mehr als 10 % erreichen wird."[22]

Dieser Rechtsprechung nach, ist ein Schuldner zahlungsunfähig, wenn es ihm nicht möglich ist, binnen drei Wochen „90 % seiner fälligen Verbindlichkeiten zu erfüllen"[23].

2.2.2 Drohende Zahlungsunfähigkeit

§ 18 InsO gibt dem Schuldner die Möglichkeit, bereits bei drohender Zahlungsunfähigkeit einen Insolvenzantrag einzureichen. Dabei bezieht sich die drohende Zahlungsunfähigkeit auf eine Prognose[24], die mittels einer „Finanz- bzw. Liquiditätsplanung"[25] zu ermitteln ist. Die drohende Zahlungsunfähigkeit ist dann gegeben, wenn sich durch die Finanz- bzw. Liquiditätsplanung vorhersagen lässt, dass Verbindlichkeiten zum Zeitpunkt ihrer Fälligkeit nicht mehr bedient werden können.[26] Die drohende Zahlungsunfähigkeit beschäftigt sich mit einer Zukunftsprognose. Hier kommt es auf die voraussichtliche Zahlungsunfähigkeit an. Dabei hat der Gesetzgeber festgelegt, dass zu prüfen ist, ob die Wahrscheinlichkeit des Eintretens einer zukünftigen Zahlungsunfähigkeit größer ist, als dass sie nicht eintritt. So soll vermieden werden, dass es zu Unsicherheiten in der Bewertung künftiger Einnahmen und Ausgaben kommt.[27]

2.2.3 Überschuldung

§ 19 InsO ist ausschließlich „bei juristischen Personen und bei beschränkt haftenden Gesellschaften des Handelsrechts"[28] ein Grund, einen Insolvenzantrag zu stellen. Durch das FMStG[29] hat die Bundesregierung festgelegt[30], dass die Überschuldung vorliegt, wenn die bestehenden Verbindlichkeiten durch das vorhandene Vermögen des Schuldners nicht mehr zu decken sind.[31] Eine Prüfung auf Überschuldung bedarf einer vorab zu erstellenden Überschuldungsbilanz, die, anders als die Jahresbilanz, die tatsächlichen Werte in dem Unternehmen des Schuldners durch die Gegenüberstellung von Vermögen und

---

[22] BGH vom 24.05.2005 – IX ZR 123/04.
[23] Crone, A., et al. (2014), S. 20.
[24] Vgl. Zimmermann, W. (2012), S. 11, Rn. 46.
[25] Crone, A., et al. (2014), S. 28.
[26] Vgl. Häger, M., et al. (2005), S. 24.
[27] Vgl. Obermüller, M., et al. (2003), S. 44, Rn. 92.
[28] Gogger, M. (2005), S. 7.
[29] FMStG vom 17.10.2008, BGBl. I 2008, S. 1982.
[30] Vgl. Crone, A., et al. (2014), S. 28.
[31] Vgl. Zimmermann, W. (2012), S. 12, Rn. 47.

Schulden dokumentiert. Übersteigen die Schulden das Vermögen, wird von einer Überschuldung gesprochen.[32]

2.3 Insolvenzverwalter und vorläufiger Insolvenzverwalter

Der Insolvenzverwalter ist „derjenige, der während des Insolvenzverfahrens das vom Schuldner entzogene Verwaltungs- und Verfügungsrecht ausübt"[33]. Nach § 56 Abs. 1 InsO ist eine taugliche und unabhängige Person durch das Insolvenzgericht zu berufen, welche die Insolvenzmasse des Unternehmens verwaltet und verwertet.[34] Die Insolvenzmasse ist nach § 35 Abs. 1 InsO das gesamte Vermögen, welches dem Schuldner zur Zeit der Eröffnung des Verfahrens gehört und während des Verfahrens erlangt. Der Insolvenzverwalter ist darauf bedacht, das Insolvenzverfahren so zügig wie möglich abzuschließen. Dabei kann das Ziel entweder die Sanierung oder die Liquidierung der Gesellschaft sein, wobei eine Sanierung oftmals eine Teilliquidierung erfordert. Es ist manchmal durchaus notwendig, dass ein Insolvenzverwalter mittel- oder langfristig, u.U. sogar über Jahre, in dem insolventen Unternehmen eingesetzt bleiben muss, wenn dieses seit der Übernahme durch den Insolvenzverwalter rentabler wirtschaftet und die Veräußerung später erfolgen soll.[35]

Vom Insolvenzverwalter abzugrenzen ist der vorläufige Insolvenzverwalter. Während der Insolvenzverwalter nach Eröffnung des Insolvenzverfahrens eingesetzt wird, kann bereits vor der Eröffnung des Insolvenzverfahrens ein vorläufiger Insolvenzverwalter bestimmt werden.[36] Das Insolvenzgericht kann, gemäß § 21 Abs. 2 Nr. 1 InsO, einen vorläufigen Insolvenzverwalter bestellen, dessen Aufgabe es ist, nach dem Insolvenzantrag des Schuldners zum Wohl der Gläubiger eine negative Veränderung der Unternehmenssituation zu verhindern. So soll der vorläufige Insolvenzverwalter die „künftige Insolvenzmasse .. sichern und .. erhalten"[37].

Die Position des vorläufigen Insolvenzverwalters gibt es seit der Insolvenzrechtsreform vom 01.01.1999. In der Konkurs- und Gesamtvollstreckungsordnung entsprach diese Po-

---

[32] Vgl. Crone, A., et al. (2014), S. 28.
[33] Gabler Wirtschaftslexikon, Stichwort: Insolvenzverwalter, Abruf: 19.06.2014.
[34] Vgl. Schulz, D., et al. (2012), S. 140 ff..
[35] Vgl. Schulz, D., et al. (2012), S. 140 ff..
[36] Vgl. Becker, Ch. (2009), S. 99, Rn. 316.
[37] Keller, U. (2006), S. 219.

sition dem Sequester[38], ein „vom Staat eingesetzter Zwangsverwalter"[39]. Es werden zwei Arten des vorläufigen Insolvenzverwalters unterschieden:

- starker vorläufiger Insolvenzverwalter, §22, Abs. 1 InsO
- schwacher vorläufiger Insolvenzverwalter, § 22, Abs. 2 InsO.

Dem Insolvenzrecht nach, tritt der starke vorläufige Insolvenzverwalter auf, wenn das Gericht gegen den Schuldner ein allgemeines Verfügungsverbot verhängt. Somit erhält der vorläufige Insolvenzverwalter die Verwaltungs- und Verfügungsbefugnis und hat die Aufgaben:

1. das Vermögen des Schuldners zu sichern und zu erhalten, § 22 Abs. 1 Nr. 1 InsO
2. das Unternehmen des Schuldners fortzuführen
3. zu prüfen, ob die Kosten des Verfahrens durch das Vermögen des Schuldners gedeckt werden können.

Anders als beim starken vorläufigen Insolvenzverwalter werden die Pflichten des schwachen vorläufigen Insolvenzverwalters durch das Insolvenzgericht festgelegt, wenn dem Schuldner kein allgemeines Verfügungsverbot auferlegt wird.[40]

Durch den § 22 Abs. 3 InsO wird gesetzlich geregelt, dass der vorläufige Insolvenzverwalter grundsätzlich alle Geschäftsräume für Untersuchungen betreten darf und dass der Schuldner ihn in seinen Ermittlungen unterstützen muss, indem er ihm alle benötigen Informationen übermittelt und die Geschäftsbücher überlässt.

3 ESUG - Gesetz zur weiteren Erleichterung der Sanierung von Unternehmen

3.1 Grundlagen

Seit der Restrukturierung des deutschen Insolvenzrechts zum 01.01.1999 kam es immer wieder vor, dass Unternehmen den Firmensitz kurzfristig nach England verlegten, um in den Genuss der Sanierung nach englischem Recht zu gelangen, da diese einfacher und attraktiver erschien. Wenngleich es sich hierbei nur um Einzelfälle handelte, war dies für den Gesetzgeber Anlass genug, die inländische Insolvenzordnung reizvoller zu gestalten,

---

[38] Vgl. Schulz, D., et al. (2012), S. 76.
[39] Gabler Wirtschaftslexikon, Stichwort: Sequester, Abruf: 19.06.2014.
[40] Vgl. Keller, U. (2006), S. 219 ff..

sodass solche Abwanderungen zukünftig vermieden werden können.[41] So führte der Gesetzgeber das ESUG ein, welches weitestgehend zum 01.03.2012[42] in Kraft getreten ist.[43]

In der bisherigen InsO war der Verlauf und der Ausgang eines Insolvenzverfahrens für Gläubiger und Schuldner zugleich kaum kalkulierbar gewesen, vor allem, da es kein Wahlrecht bei der Auswahl des Insolvenzverwalters gab. Oftmals war vorab nicht ausreichend klar gewesen, ob ein Insolvenzverfahren Erfolg haben kann. Des Weiteren gab es keine Möglichkeit des *Dept-Equity-Swap*[44] in Deutschland. Auch war die Dauer des Insolvenzverfahrens kaum bestimmbar, da einzelne Gläubiger, teilweise für einen sehr langen Zeitraum, den Insolvenzplan blockierten und so das gesamte Verfahren verzögern konnten. Bereits in der InsO vor dem ESUG gab es das Mittel der Eigenverwaltung.[45] Jedoch waren die Insolvenzgerichte sehr zaghaft in der Genehmigung solcher Insolvenzanträge. Selbst bei Schuldnern, die bereits bei einer drohenden Zahlungsunfähigkeit einen Insolvenzantrag stellten und deren Gläubiger überzeugt waren, dass das Insolvenzverfahren positiv abschließen würde, zögerten die Insolvenzgerichte bei der Zustimmung. Es gab keine Gewissheit, dass das Insolvenzgericht die Eigenverwaltung genehmigen würde.[46]

Aus diesen Defiziten resultierte, dass Geschäftsführer viel zu lange mit der Antragsstellung warteten, da sie nicht sicher waren, wie sie idealerweise vorzugehen hatten. Gleichfalls wurde i. d. R. erst ein Insolvenzantrag gestellt, wenn bereits das gesamte Vermögen des Schuldners aufgebraucht und somit eine Sanierung des Unternehmens faktisch nicht mehr möglich war.[47]

Ziele des ESUG sind die Erleichterung der Unternehmenssanierung in der außergerichtlichen Sanierung und der Erhalt der Arbeitsplätze. Es soll ein Anreiz geschaffen werden, dass Unternehmen frühzeitig eine drohende Zahlungsunfähigkeit erkennen und melden,

---

[41] Vgl. BR-Drs. 127/11, S. 1 ff..
[42] Vgl. Art. 10 ESUG, BGBl. 1 2011, 2591.
[43] Mit Ausnahme der Änderungen des Gerichtsverfassungsgesetzes (Art. 4), des Rechtspflegergesetzes (Art. 5) und des Einführungsgesetzes zum Gerichtsverfassungsgesetz (Art. 8) sowie dem Gesetz über die Insolvenzstatistik (Art. 7), welche zum 01.01.2013 in Kraft traten, vgl. Art. 10 ESUG, BGBl. 1 2011, 2591.
[44] Nach § 225a Abs. 2 InsO bedeutet ein Debt-Equity-Swap, dass die Forderung eines Gläubigers in Anteils- oder Mitgliedschaftsrechte umgewandelt wird.
[45] Siehe Kapitel 3.3.1.
[46] Vgl. BT-Drs. 17/5712, S. 1 ff..
[47] Vgl. BT-Drs. 17/5712, S. 1 ff..

sodass durch Sanierungsmaßnahmen diese Unternehmen gerettet werden und weiter fortbestehen können. Dieser Anreiz soll durch die Vereinfachung des Insolvenzplanverfahrens und der Gleichstellung der Gläubiger gesetzt werden. Zudem will der Gesetzgeber mit der Erleichterung die Abwanderung in das Europäische Ausland, allen voran Großbritannien, vermeiden und das deutsche Insolvenzrecht attraktiver gestalten.[48]

3.2 Änderungen der Insolvenzordnung durch das ESUG

3.2.1 Insolvenzeröffnungsverfahren

3.2.1.1 Anforderungen an den Eigenantrag des Schuldners

Damit ein Insolvenzverfahren eröffnet werden kann, ist es erforderlich, dass nach § 13 Abs. 1 InsO ein schriftlicher Antrag eingereicht wird. Neben diesem Antrag müssen bei einer Fortführung des Betriebes folgende Punkte angegeben werden:[49]

1. die höchsten Forderungen
2. die höchsten gesicherten Forderungen
3. die Forderungen der Finanzverwaltung
4. die Forderungen der Sozialversicherungsträger sowie
5. die Forderungen aus betrieblicher Altersversorgung

Diese Angaben sind erforderlich, wenn er die Eigenverwaltung beantragt, die Merkmale des § 22a Abs. 1 InsO erfüllt[50] oder beantragt wurde, einen vorläufigen Gläubigerausschuss einzusetzen, § 13 Abs. 1 S. 5 InsO. Zusätzlich ist der Schuldner nach § 13 Abs. 1 S. 5 InsO verpflichtet, Angaben zur Bilanzsumme, zu den Umsatzerlösen und zur durchschnittlichen Arbeitnehmerzahl des letzten Geschäftsjahres zu machen.

Neben dem Eigenantrag des Schuldners sind auch die Gläubiger berechtigt, einen Antrag auf Insolvenz zu stellen. Dies ist jedoch nur möglich, wenn der Gläubiger beweisen kann, dass er eine offene Forderung gegenüber dem Schuldner besitzt und ein Insolvenzgrund seitens des Schuldners vorliegt. Der Gesetzgeber beabsichtigt mit der Beweislast durch

---

[48] Vgl. Koalitionsvertrag zwischen CDU, CSU und FDP, Wachstum, Bildung, Zusammenhalt, 2009, S. 18.
[49] § 13 Abs. 1 InsO.
[50] Nach § 22a Abs. 1 InsO ist zwingend ein vorläufiger Gläubigerausschuss einzusetzen, wenn im letzten Geschäftsjahr mindestens zwei von drei Merkmalen erfüllt wurden: 1. mindestens 4.840.000 € Bilanzsumme nach Abzug eines auf der Aktivseite ausgewiesenen Fehlbetrags im Sinne des § 268 Abs. 3 HGB; 2. mindestens 9.680.000 € Umsatzerlöse in den ersten zwölf Monaten vor dem Abschlussstichtag; 3. im Jahresdurchschnitt mindestens fünfzig Mitarbeiter.

den Gläubiger, dass dieser nicht mutwillig einen Insolvenzantrag stellt, wenn eigentlich kein Grund vorliegt.[51]

3.2.1.2 Vorläufiger Gläubigerausschuss und Wahl des Insolvenzverwalters

Der vorläufige Gläubigerausschuss soll den Gläubigern schon im Eröffnungsverfahren die Möglichkeit zur Mitsprache am geplanten Insolvenzverfahren geben, wenn es darum geht, einen vorläufigen Insolvenzverwalter zu bestellen, oder die Eigenverwaltung anzuordnen und einen Sachwalter zu benennen, welcher als Beobachter, aber auch als Berater das Schutzschirmverfahren, § 270b InsO, begleitet.[52] Dazu hat der Gesetzgeber die Konstellation des vorläufigen Gläubigerausschusses in § 67 Abs. 2 InsO bestimmt. So sollen in diesem Ausschuss die absonderungsberechtigten Gläubiger, die Insolvenzgläubiger mit den höchsten Forderungen, die Kleingläubiger und ein Vertreter der Arbeitnehmer vertreten sein.[53] Absonderungsberechtigte Gläubiger sind nach § 49 ff. InsO jene Gläubiger, denen ein Recht auf Befriedigung aus Gegenständen zusteht, die der Zwangsvollstreckung in das unbewegliche Vermögen unterliegen, z. B. durch ein Pfandrecht oder aufgrund einer Grundschuld.[54] Zusätzlich lässt der Gesetzgeber gemäß § 67 Abs. 3 InsO auch außenstehende Personen zu, die keine Gläubiger des Schuldners sind. Damit kann bewirkt werden, dass der Gläubigerausschuss durch entsprechende Fachkompetenz aufgewertet wird.[55]

Der vorläufige Gläubigerausschuss hat nach § 56a InsO das Recht, sich an der Wahl des Insolvenzverwalters zu beteiligen und das Anforderungsprofil eines geeigneten Insolvenzverwalters mitzubestimmen. Die Wahl eines anderen Insolvenzverwalters, als jenen durch den Gläubigerausschuss einvernehmlich gewählt, darf das Gericht nur in Erwägung ziehen, wenn dieser absolut nicht für diese Tätigkeit geeignet ist, weil ihm z. B. fachliche Kompetenzen fehlen.

Den gewählten Insolvenzverwalter hat der vorläufige Gläubigerausschuss in dessen geschäftsführenden Tätigkeiten zu unterstützen und zu überwachen. Weiterhin deckt der

---

[51] Vgl. Foerste, U. (2008), S. 46, Rn. 88 ff..
[52] Vgl. BT-Drs. 17/5712, S. 24.
[53] Vgl. Breuer, W. (2011), S. 50, Rn. 144.
[54] Vgl. *Meller-Hannich* in: Jaeger Insolvenzordnung: §§ 174-216 (2010), S. 246, Rn. 8.
[55] Vgl. Sicklinger, S. (2009), S. 81.

Aufgabenbereich des Gläubigerausschusses nach § 69 Satz 2 InsO die Einsicht der Geschäftsbücher und die Prüfung des Geldverkehrs, sowie die Unterrichtung des Geschäftsganges ab.

Bei Rechtshandlungen, die der Insolvenzverwalter vornehmen möchte, hat dieser gemäß § 160 Abs. 1 InsO immer die Erlaubnis des vorläufigen Gläubigerausschusses einzuholen, wenn dieser existiert. Gibt es keinen, ist die Zustimmung der Gläubigerversammlung zu beschaffen. Ist ein Rechtsgeschäft durch den Insolvenzverwalter ohne die Zustimmung des vorläufigen Gläubigerausschusses erfolgt, bleibt die Wirksamkeit dieses Rechtsgeschäftes bestehen und es haftet der Insolvenzverwalter nach § 60 Abs. 1 InsO bei einer Pflichtverletzung als ordentlicher Verwalter.[56]

3.2.1.3 Abweisung mangels Insolvenzmasse

Ein wesentlicher Grund, den Antrag auf Eröffnung des Insolvenzverfahrens nach § 26 Abs. 1 InsO abzuweisen besteht für die Insolvenzgerichte, wenn das Vermögen des Schuldners nicht ausreicht, um die Kosten des Insolvenzverfahrens zu decken. Diese sind durch den § 54 InsO definiert. So gilt es für den Schuldner, zumindest die Gerichtskosten des Insolvenzverfahrens und die Vergütung sowie Auslagen des vorläufigen Insolvenzverwalters, des Insolvenzverwalters und den Mitgliedern des Gläubigerausschusses zu bedienen. Unter Umständen kann es zu einem Massekostenvorschuss durch den Gläubiger kommen, wenn ein Schuldner die Kosten des Insolvenzverfahrens nicht decken kann. Dies kann v. a. dann vorkommen, wenn der Gläubiger sich gute Chancen auf eine erfolgreiche Sanierung errechnet.[57]

Wird ein Fehlen der nötigen Insolvenzmasse für die Befriedigung des § 54 InsO nach Eröffnung des Insolvenzverfahrens festgestellt, hat das Insolvenzgericht das Verfahren nach § 207 Abs. 1 InsO einzustellen.[58]

3.2.2 Eröffnetes Insolvenzverfahren

Das Insolvenzverfahren wird durch den Eröffnungsbeschluss nach § 27 InsO eröffnet. Dadurch geht das Verwaltungs- und Verfügungsrecht des in den §§ 35 - 37 InsO beschriebenen Vermögens des Schuldners auf den Insolvenzverwalter über, gemäß § 80 Abs. 1

---

[56] Vgl. Breuer, W. (2011), S. 50, Rn. 144.
[57] Vgl. Waza, Th., et al. (2012), S. 108, Rn. 241 ff..
[58] Vgl. Paulus, Ch. (2007), S. 134.

InsO. Auch wenn dem Schuldner das Verwaltungs- und Verfügungsrecht entzogen wurde, bleibt er der Eigentümer und darf weiterhin Rechtsgeschäfte tätigen.[59]

Zudem macht sich der Schuldner nach § 136 StGB[60] strafbar, wenn er in einem laufenden Insolvenzverfahren eine Sache aus der Insolvenzmasse zerstört, beschädigt, unbrauchbar macht oder in anderer Weise ganz oder zum Teil der Verstrickung entzieht. Das Verfügungsverbot gilt nicht bei Anwendung der Eigenverwaltung, da in dieser charakteristisch der Schuldner das Verwaltungs- und Verfügungsrecht behält.[61]

3.3 Eigenverwaltung und Schutzschirmverfahren

3.3.1 Eigenverwaltung

Mit der Einführung des ESUG soll vor allem die Eigenverwaltung, die bereits in der neuen InsO im Jahre 1999 eingeführt wurde, weiter gestärkt und zu einem nützlichen Hilfsmittel zur Unternehmenssanierung ausgebaut werden. Um die Eigenverwaltung reizvoller zu gestalten, wurden zum einen die Gläubigerrechte in der Eigenverwaltung verstärkt und zum anderen das Schutzschirmverfahren eingeführt. Im Fokus der Stärkung der Eigenverwaltung bleibt weiterhin das Ziel, die Gläubiger gemeinschaftlich zu befriedigen, gemäß § 1 Satz 1 InsO.[62]

Die Eigenverwaltung nach § 270 ff. InsO ermöglicht dem Schuldner, sein Unternehmen eigenmächtig und ohne einen Insolvenzverwalter weiter zu führen. Dies ist besonders dann sinnvoll, wenn der Schuldner über spezielles Fachwissen verfügt, welches für den Unternehmenserhalt essentiell ist und davon ausgegangen werden kann, dass der Insolvenzverwalter dieses nicht besitzt. Neben dem Einbringen der Kenntnisse des Schuldners hat sich der „Gesetzgeber … bei der Einführung des Rechtsinstituts der Eigenverwaltung [auch] davon leiten lassen, dass … die Einarbeitungszeit eines Verwalters vermieden werde, die Kosten des Verfahrens gesenkt werden könnten und sich der Anreiz für eine rechtzeitige Insolvenzantragsstellung erhöhe"[63]. Der Schuldner behält in der Eigenverwaltung die Verfügungsbefugnis, ist aber einem Sachwalter unterstellt, dessen Aufgabe es ist, den Schuldner zu überwachen.[64] Genauso wie beim Insolvenzverwalter hat „das

---

[59] Vgl. Waza, Th., et al. (2012), S. 110, Rn. 262 ff..

[60] Der § 136 StGB nutzt die Bezeichnung „Beschlagnahme", welches synonym für die Entziehung der Verfügungsbefugnis verwendet wird, vgl. hierzu Keller (2006), S. 302, Rn. 820 ff..

[61] Vgl. Breuer, W. (2011), S. 115, Rn. 291.

[62] Vgl. Hirte, H., et al. (2012), S. 53.

[63] *Buchalik*, NZI 2000, 294, 295.

[64] Vgl. Bork, R. (2012), S. 242, Rn. 399.

Insolvenzgericht darauf [zu] achten, daß auch zum Sachwalter eine für den jeweiligen Einzelfall geeignete, insbesondere geschäftskundige und von den Gläubigern und dem Schuldner unabhängige natürliche Person bestellt wird"[65].

Die Eigenverwaltung setzt nach § 270 Abs. 2 InsO zunächst einen Antrag des Schuldners selbst voraus. Dabei dürfen keine Umstände bekannt sein, die erwarten lassen, dass die Gläubiger mit der Anordnung der Eigenverwaltung schlechter gestellt werden könnten. Ist der § 270 Abs. 2 InsO erfüllt, kann grundsätzlich die Eigenverwaltung durch das Insolvenzgericht angeordnet werden. Es liegt somit nicht mehr im Ermessen des Insolvenzgerichts, eigenmächtig für oder gegen die Eigenverwaltung zu entscheiden, weil die Voraussetzungen nun vom Gesetzgeber neu mit dem § 270 Abs. 2 InsO definiert wurden.[66] Vor Entscheidung des Insolvenzgerichts muss dem vorläufigen Gläubigerausschuss die Gelegenheit gegeben werden, sich zum Wunsch des Schuldners nach Eigenverwaltung äußern zu können, gemäß § 270 Abs. 3 InsO.

Eine Entscheidung für oder gegen die Eigenverwaltung darf sich nur auf bereits bekannte Umstände stützen. Dies hat zur Folge, dass die Insolvenzgerichte nicht befugt sind, einen Sachverständigen zur näheren Prüfung der tatsächlichen Situation zu beauftragen. Sollten nach Genehmigung zur Eigenverwaltung dennoch negative Umstände, wie z. B. kaum vorhandene Insolvenzmasse oder keine Aussichten auf eine erfolgreiche Sanierung, bekannt werden, kann die Entscheidung des Gerichts auf Antrag der Gläubigerversammlung nach § 272, Abs. 1 Nr. 1 InsO revidiert und somit wieder aufgehoben werden. Gleichwohl legt der Gesetzgeber im § 271 InsO fest, dass die Gläubigerversammlung auch das Recht hat, unter Zustimmung des Schuldners nach Eröffnung des Insolvenzverfahrens, die Eigenverwaltung zu beantragen. Für die Zustimmung bzw. Ablehnung gilt die in § 76, Abs. 2 InsO[67] genannte Mehrheit und die Mehrheit der abstimmenden Gläubiger.[68]

Der Schuldner befindet sich trotz der Eigenverwaltung in einem Insolvenzverfahren und „es bleibt dabei, dass das Schuldnervermögen zugunsten der Gläubiger zu verwerten

---

[65] Braun, E. et al. (2006), S. 204.

[66] Vgl. *Kammel, et al.*, NZI 2010, 791, 794.

[67] Nach § 76 Abs. 2 InsO kommt ein Beschluss der Gläubigerversammlung dann zustande, wenn die Summe der Forderungsbeträge der zustimmenden Gläubiger mehr als die Hälfte der Summe der Forderungsbeträge der abstimmenden Gläubiger beträgt.

[68] Vgl. Hirte, H, et al. (2012), S. 54.

ist"[69]. Das wesentliche Merkmal in der Unterscheidung des Insolvenzverfahrens zur Eigenverwaltung ist die Verfügungsbefugnis des Schuldners, die er in der Eigenverwaltung noch besitzt. Somit verändert sich hier der jeweilige Verlauf gravierend. Zwar ist die Eigenverwaltung nach § 273 InsO auch öffentlich bekannt zu machen, allerdings sind dem § 270c S. 3 InsO entsprechend die §§ 32 und 33 InsO[70] nicht anzuwenden. Somit gibt es keinen Insolvenzverwalter, der das Unternehmen anstelle des Schuldners weiterführt, sondern einen Sachwalter, der den Schuldner in seinem Handeln beaufsichtigt und überwacht. Der Sachwalter und der Schuldner teilen sich die Kompetenzen des Insolvenzverwalters in der Eigenverwaltung. So ist der Schuldner i. d. R. dafür zuständig, das Verfahren durchzuführen und nach § 281 S. 1 InsO die Vermögensverzeichnisse zu erstellen sowie die Gläubigerversammlung zu unterrichten. Der Sachwalter hingegen hat nach § 281 S. 2 InsO die Verzeichnisse und die Vermögensübersicht zu prüfen und ggf. Einwände gegen die Eigenverwaltung zu erheben.[71]

3.3.2 Schutzschirmverfahren

Der Schuldner muss, neben dem Antrag auf Eigenverwaltung, zusätzlich das Schutzschirmverfahren nach § 270b InsO beantragen. Obligatorisch für den Antrag ist, dass der Schuldner eine Bescheinigung von einem erfahrenen Steuerberater, Wirtschaftsprüfer, Rechtsanwalt oder einer qualifizierten sonstigen Person vorzulegen hat, die bestätigt, dass er drohend zahlungsunfähig oder überschuldet, aber eine Sanierung nicht vergebens ist. Sind diese Merkmale erfüllt, wird durch das Insolvenzgericht eine Frist von maximal drei Monaten festgesetzt, um einen Insolvenzplan zur möglichen Rettung des Unternehmens seitens des Schuldners vorzulegen. Fakultativ hierzu kann das Insolvenzgericht Sicherungsmaßnahmen nach § 21 Abs. 1 und 2 Nr. 1a 3 bis 5 InsO anordnen. Die Untersagung oder Einstellung von Maßnahmen der Zwangsvollstreckung gegen den Schuldner kann das Gericht nur auf Antrag des Schuldners nach § 21 Abs. 2 Nr. 3 InsO anordnen.[72] Während der Phase im Schutzschirmverfahren wird dem Schuldner ein Sachwalter zur Seite gestellt, der ihn, wie bei der Eigenverwaltung, überwacht. Dieser wird im Schutzschirmverfahren nicht vom vorläufigen Gläubigerausschuss, sondern vom Schuldner selbst be-

---

[69] Bork, R. (2012), S. 245, Rn. 404.
[70] Gemäß den §§ 32 und 33 InsO ist die Eröffnung des Insolvenzverfahrens in das Grundbuch bzw. das Register für Schiffe und Luftfahrzeuge einzutragen.
[71] Vgl. Bork, R. (2012), S. 245 ff., Rn. 404 ff..
[72] Vgl. *Bremen*, NZI 2014, 137, 139.

stimmt. Das Gericht darf nur vom Vorschlag des Schuldners abweichen, wenn die vorge-
schlagene Person offensichtlich für die Übernahme des Amtes nicht geeignet ist, gemäß
§ 270 Abs. 2 S. 2 InsO.[73]

Mit dem Schutzschirmverfahren nach § 270b InsO hat der Gesetzgeber einen Schutzmechanismus für den Schuldner in die InsO eingefügt, welches das deutsche Insolvenzrecht
in dieser Form bisher nicht kannte. Dem Schuldner wird ein maximaler Schutz vor den
Gläubigern gewährt, wenn er den Schutzschirm im Zuge der Eigenverwaltung beantragt.
In dieser Zeit von maximal drei Monaten hat der Schuldner die Möglichkeit, einen Insolvenzplan auszuarbeiten, um die Gläubiger von der Sanierungsfähigkeit des Unternehmens zu überzeugen. Weiterhin soll durch den Schutzschirm ein Anreiz geschaffen werden, damit die Geschäftsführung bereits bei einer drohenden Zahlungsunfähigkeit oder
Überschuldung einen Insolvenzantrag stellt, solange das Insolvenzverfahren nicht aus-
sichtlos erscheint. Dadurch wird die Chance einer erfolgreichen Sanierung und Weiter-
führung des Unternehmens deutlich gesteigert und größere Handlungsspielräume für die
Sanierung geschaffen.[74] „Bei vorliegender Zahlungsunfähigkeit ist die Einleitung eines
Schutzschirmverfahrens unzulässig."[75]

Bisweilen galten alle Verbindlichkeiten, die vor Eröffnung des Insolvenzverfahrens begründet wurden, als Masseverbindlichkeiten. Neu ist nun, dass der Schuldner gemäß
§ 270b Abs. 3 InsO auf einen eigenen Antrag beim Insolvenzgericht Masseverbindlichkeiten nach § 55 Abs. 2 InsO begründen muss. Verbindlichkeiten, die von einem vorläufigen Insolvenzverwalter nach Eröffnung des Insolvenzverfahrens begründet worden
sind, gelten nun auch als Masseverbindlichkeiten. Der Umfang der Masseverbindlichkeiten wurde sogar in § 55 Abs. 4 InsO auf Steuerverbindlichkeiten erweitert, wenn diese
durch den vorläufigen Insolvenzverwalter oder in dessen Absprache durch den Schuldner
entstanden sind.[76]

Der Gesetzgeber hat mit dem § 270b Abs. 4 InsO den Insolvenzgerichten die Möglichkeit
geschaffen, das Schutzschirmverfahren vorzeitig zu beenden, wenn entweder die ange-
strebte Sanierung aussichtslos geworden ist oder die Aufhebung durch den vorläufigen

---

[73] Vgl. Buchalik, R., et. al (2014), S. 34.
[74] Vgl. Haarmeyer, H., et al. (2012), S. 24 ff..
[75] Haarmeyer, H., et al. (2012), S. 72.
[76] Vgl. Schmittmann, J., et al. (2012), S. 78.

Gläubigerausschuss, bzw. wenn dieser nicht vorhanden ist, durch einen absonderungsberechtigten Gläubiger, beantragt wurde.[77]

3.3.3 Bescheinigung, § 270b Abs. 1 S. 3 InsO

Zur Beantragung eines Schutzschirmverfahrens ist die Vorlage einer Bescheinigung beim Insolvenzgericht durch den Schuldner ein essentieller Bestandteil und in seiner Wichtigkeit nicht zu unterschätzen, wenngleich der Gesetzgeber sich in seinen Anforderungen nur vage ausdrückt.[78] Nach § 270b Abs. 1 S. 3 InsO muss die Bescheinigung folgende Aspekte ausweisen:

- die Bescheinigung muss Gründe vorweisen, die belegen, dass eine Sanierung des Unternehmens nicht offensichtlich aussichtslos ist und eine drohende Zahlungsunfähigkeit oder Überschuldung vorliegt, nicht jedoch eine Zahlungsunfähigkeit
- die Bescheinigung muss von einem in Insolvenzsachen erfahrenen Steuerberater, Wirtschaftsprüfer, Rechtsanwalt oder von einer Person mit einer vergleichbaren Qualifikation erstellt werden
- die Bescheinigung muss von einer anderen Person als dem Sachwalter erstellt werden.

„Als Person mit vergleichbarer Qualifikation gelten zum Beispiel Steuerbevollmächtigte oder vereidigte Buchprüfer, die nach § 3 Nummer 1 des Steuerberatungsgesetzes (StBerG) ebenso wie Steuerberater zur geschäftsmäßigen Hilfeleistung in Steuersachen befugt sind, aber auch Angehörige eines anderen Mitgliedstaates der Europäischen Union oder eines Vertragsstaates des Abkommens über den Europäischen Wirtschaftsraum, sowie Personen, die in einem dieser Staaten ihre berufliche Niederlassung haben und über eine vergleichbare Qualifikation verfügen. Auch diese Personen müssen jedoch über Erfahrungen in Insolvenzsachen verfügen."[79]

Die Bescheinigung hat die Aufgabe, das Insolvenzgericht davon zu überzeugen, dass das Schutzschirmverfahren sinnig und erfolgversprechend ist.[80] Allerdings ist es vom Ge-

---

[77] Vgl. Hirte, H., et al. (2012), S. 62.
[78] Vgl. *Zipperer, et al.*, NZI 2012, 729, 729.
[79] BT-Drs. 17/5712, S. 40.
[80] Vgl. *Zipperer, et al.*, NZI 2012, 729, 731.

setzgeber nicht beabsichtigt, dass durch den Bescheinigenden ein umfassendes Sanierungsgutachten erstellt werden muss, um Kosten zu sparen und die Hürde zum Schutzschirmverfahren überwindbar zu gestalten.[81]

3.4 Sachwalter in der Praxis

3.4.1 Aufgaben und Pflichten des Sachwalters

Die Aufgaben des Sachwalters im Rahmen der Eigenverwaltung leiten sich aus den §§ 274, 275 InsO ab. So hat er nach § 274 Abs. 2 InsO die wirtschaftliche Lage des Schuldners zu prüfen sowie dessen Aufgaben und Tätigkeiten zu überwachen. Dabei hat er das Recht, genau wie der vorläufige Insolvenzverwalter, nach § 22 Abs. 3 InsO die Geschäftsräume zu betreten, um Nachforschungen zu betreiben und sich Einblicke in die Geschäftsbücher zu verschaffen. Der Schuldner muss ihm jedwede benötigte Information zukommen lassen und den Sachwalter in seiner Recherche unterstützen. Bei Unregelmäßigkeiten, die eine Bedrohung der Fortführung der Eigenverwaltung zur Folge haben könnten, hat der Sachwalter dies unverzüglich dem Insolvenzgericht und dem Gläubigerausschuss, bzw. bei Nichtvorhandensein dessen, den Insolvenzgläubigern, mitzuteilen, § 274 Abs. 3 InsO. Die Unterrichtungspflicht an die Gläubiger ergibt sich analog aus dem § 281 Abs. 1 InsO.[82]

Die Haftung des Sachwalters wird durch § 60 InsO geregelt. Allerdings nur in dem Handlungsrahmen, der dem Sachwalter zur Verfügung steht. So würde der Sachwalter haftbar gemacht werden können, wenn er der Begründung von Masseverbindlichkeiten nach § 55 Abs. 1 Nr. 1 InsO zugestimmt hat, diese aber ohne seine Zustimmung grundsätzlich unwirksam gewesen wäre, § 277 Abs. 1 S. 3 InsO i.V.m. § 61 InsO.[83]

3.4.2 Befugnisse des vorläufigen Sachwalters

3.4.2.1 Kassenführungsrecht

Der vorläufige Sachwalter hat nach § 275 Abs. 2 InsO das Recht, die Kassenführung im Unternehmen des Schuldners ganz oder teilweise zu übernehmen. Somit werden die Gelder von ihm entgegengenommen bzw. durch ihn gezahlt. Mit dieser Übernahme hat der vorläufige Sachwalter die Möglichkeit, eine Vertrauensbasis mit den Gläubigern, aber auch mit der Geschäftsleitung aufzubauen. Im Gegenzug kann es aber auch passieren,

---

[81] Vgl. BT-Drs. 17/5712, S. 40.
[82] Vgl. *Westrick*, NZI 2003, 65, 71.
[83] Vgl. Häsemeyer, L. (2007), S. 217 ff., Rn. 8.19 ff..

dass der Schuldner das Vertrauen der Gläubiger verliert. Der Übergang des Kassenführungsrechts ist nicht gleichzusetzen mit einem Verlust des Verwaltungs- und Verfügungsrechts des Schuldners.

Der vorläufige Sachwalter kann mit dem Kassenführungsrecht selber entscheiden, welche Zahlungen er vornimmt. In der Regel wird er keine Zahlungen an Altverbindlichkeiten leisten. Jedoch ist zu überlegen, ob eine Zahlung aus taktischen oder politischen Aspekten sinnvoll wäre, um z. B. langjährige Geschäftsbeziehungen nicht zu gefährden. Zu beachten ist allerdings auch, dass mit einer gerichtlich angeordneten Begründung von Masseverbindlichkeiten des Schuldners eine Zahlungspflicht des vorläufigen Sachwalters einhergeht.[84]

3.4.2.2 Zustimmungsvorbehalt und Widerspruchsrecht

Im Rahmen seiner Tätigkeit während der Eigenverwaltung darf der vorläufige Sachwalter im Unternehmen mitwirken. Dabei wird zwischen gewöhnlichem und außergewöhnlichem Geschäftsbetrieb unterschieden. Zum außergewöhnlichen Geschäftsbetrieb gehören die „Veräußerung und Belastung von Grundeigentum, die Aufnahme von Darlehen und der Abschluss besonders wesentlicher Verträge"[85], also alle Verbindlichkeiten, welche die alltäglichen Geschäfte übersteigen.[86]

Der Zustimmungsvorbehalt des vorläufigen Sachwalters bestimmt sich aus dem § 275 Abs. 1 S. 1 InsO. Der Schuldner darf nur Verbindlichkeiten, die nicht zum gewöhnlichen Geschäftsbetrieb gehören, eingehen, die der vorläufige Sachwalter genehmigen muss.

Das Widerrufsrecht in § 275 Abs. 1 S. 2 InsO des vorläufigen Sachwalters gilt für alle Verbindlichkeiten, auch wenn sie zum gewöhnlichen Geschäftsbetrieb gehören. Er darf diese somit untersagen.

3.4.2.3 Begründung von Masseverbindlichkeiten

„Masseverbindlichkeiten sind die Gerichtskosten, die Vergütungen und Auslagen des vorläufigen Insolvenzverwalters, des Insolvenzverwalters und der Gläubigerausschuss-

---

[84] Vgl. *Flöther*, ZInsO 2014, 465, 468.
[85] *Flöther*, ZInsO 2014, 465, 469.
[86] Vgl. *Flöther*, ZInsO 2014, 465, 469.

mitglieder [gemäß § 54 InsO] sowie die in § 55 Abs. 1 InsO benannten sonstigen Masseverbindlichkeiten."[87]. Masseverbindlichkeiten sind für die Sanierung eines Unternehmens von enormer Wichtigkeit. „Sie sind u.a. für die Insolvenzgeldvorfinanzierung, für die Aufnahme von Massedarlehen und für die Inanspruchnahme von Lieferungen und Leistungen im Rahmen der Betriebsfortführung, insbesondere für Lieferantenkredite wesentliche Voraussetzung"[88].

Explizit hat der Gesetzgeber die Begründung von Masseverbindlichkeiten nur im Rahmen des Schutzschirmverfahrens, nicht jedoch in der Eigenverwaltung nach § 270a InsO, implementiert. So hat das Insolvenzgericht nach § 270b Abs. 3 InsO auf Antrag des Schuldners anzuordnen, dass Masseverbindlichkeiten begründet werden und es besteht faktisch keine Wahlmöglichkeit für das Insolvenzgericht, den Antrag des Schuldners auf Begründung von Masseverbindlichkeiten abzuweisen.[89] In diesem Zusammenhang gilt zudem der § 55 Abs. 2 InsO, dass alle durch den starken vorläufigen Sachwalter[90] begründete Verbindlichkeiten auch als Masseverbindlichkeiten gelten.[91] Des Weiteren soll dem Schuldner durch die Begründung von Masseverbindlichkeiten die Möglichkeit gegeben werden, das Vertrauen der Gläubiger zu gewinnen, dass er in der Lage ist, das Unternehmen erfolgreich in eine sich lohnenden Wirtschaftlichkeit zurückzuführen und die angefallenen Verbindlichkeiten vollends zu befriedigen. Dieses Vertrauen ist besonders in dieser Situation unabdingbar.[92]

4 Anfechtungsrisiken im Schutzschirmverfahren

4.1 Grundsatz, § 129 InsO

Mit den Instrumenten der insolvenzrechtlichen Anfechtung ist die Möglichkeit geschaffen worden, eine Gleichbehandlung von Gläubigern herzustellen, falls es zu einer Ungleichheit und somit zu einer Gläubigerbenachteiligung gekommen ist. Um einen Gläubigernachteil entgegenzuwirken, sorgt die Anfechtung dafür, dass im Vorfeld erfolgte

---

[87] JURION Insolvenzrecht, Stichwort: Masseverbindlichkeiten, Abruf: 06.07.2014.
[88] *Flöther*, ZInsO 2014, 465, 469.
[89] Vgl. *AG Ludwigshafen am Rhein*, ZInsO 2014, 853, 854.
[90] Durch den Verweis in § 270b Abs. 3 InsO auf den § 55 Abs. 2 InsO kann der vorläufige Insolvenzverwalter mit dem „starken" vorläufigen Sachwalter gleichgestellt werden, vgl. BT-Drs. 17/7511, S. 37.
[91] Vgl. *Flöther*, ZInsO 2014, 465, 469.
[92] Vgl. *OLG Naumburg*, NZI 2014, 454, 455.

Vermögensverschiebungen wieder rückabgewickelt werden.[93] Maßgebend für eine Insolvenzanfechtung sind die §§ 130 – 146 InsO. Um eine Rechtshandlung anfechten zu können, ist die Eröffnung des Insolvenzverfahrens erforderlich. Eine mögliche Insolvenzanfechtung ist nach folgendem Schema zu prüfen:[94]

a) Anfechtbare Rechtshandlung

b) Gläubigerbenachteiligung

c) Ursächlichkeit der Rechtshandlung für die Gläubigerbenachteiligung

d) Anfechtungsgrund

e) Rechtsfolgen der Anfechtung.

Rechtshandlungen sind jene Handlungen, die eine rechtliche Wirkung erzeugen, wie die Anweisung einer Zahlung, mit dem das Eigentum am Geld verloren geht. Bei Rechtshandlungen handelt es sich um gewollte bzw. beabsichtigte Willenserklärungen, die eine Rechtsfolge bewirken.[95] Im Insolvenzverfahren kann eine solche Rechtshandlung Auswirkungen auf das Vermögen des Schuldners haben, wodurch es zu Schmälerungen des Vermögens kommen kann. Als Gläubigerbenachteiligung wird bezeichnet, wenn die Befriedigung der Gläubiger nicht mehr gewährleistet werden kann, da z. B. zu wenig Masse vorhanden ist, ein Gläubiger bevorzugt wird oder in anderer Art die Befriedigung gefährdet ist. Es kommt zu einer Gläubigerbenachteiligung durch Verminderung des Vermögens, Vermehrung bzw. Erschwerung der Schulden, Erschwerung des Gläubigerzugriffs auf das Vermögen oder durch eine Verzögerung in der Verwertbarkeit.[96]

Angefochten werden können nach dem Grundsatz des § 129 InsO vor der Insolvenzeröffnung erfolgte Rechtshandlungen sowie Unterlassungen.

4.2 Deckungsanfechtung

4.2.1 Kongruente Deckung, § 130 InsO

Kongruenz bedeutet Symmetrie oder Übereinstimmung.[97] Der Gesetzgeber hat jedoch mit der InsO keine Legaldefinition eingeführt. Allgemein wird als kongruente Deckung bezeichnet, wenn ein Gläubiger eine Sicherung oder Befriedigung durch Zahlung erhält,

---

[93] Vgl. Schäfer, B. (2008), S. 1.
[94] Kramer, R., et al. (2014), S. 133.
[95] Vgl. Obermüller, M., et al. (2003), S. 80, Rn. 301.
[96] Vgl. Godron, A., et al. (2014), S. 26.
[97] Vgl. Duden, Stichwort: Kongruenz, Abruf: 13.07.2014.

auf die er ein Anrecht hat. Eine Sicherung ist z.B. ein Pfandrecht oder eine sicherungshalber abgetretene Forderung.[98] In der kongruenten Deckung werden darüber hinaus auch Rechtshandlungen einbezogen, mit der eine Deckung ermöglicht wird, bzw. die zu einer Deckung führen können, wie z.b. die Anerkenntnis im Prozess, nach § 794 ZPO.[99]

Durch § 130 Abs. 1 InsO wird der objektiver Tatbestand zum Anfechten einer kongruenten Deckung durch den Insolvenzverwalter wie folgt definiert:

1. Der Schuldner hat in den letzten drei Monaten vor Eröffnung des Insolvenzverfahrens eine Handlung vorgenommen, obwohl er zahlungsunfähig ist und der Gläubiger hat Kenntnis von der vorliegenden Zahlungsunfähigkeit.

2. Der Schuldner hat eine Handlung nach dem Eröffnungsantrag vorgenommen und der Gläubiger hatte zum Zeitpunkt der Handlung Kenntnis über die Zahlungsunfähigkeit oder dem Eröffnungsantrag.

In der alten Konkursordnung[100] zielte die Anfechtung darauf ab, dass der Schuldner die Zahlung eingestellt hat. Durch die Novellierung der InsO wurde die Zahlungseinstellung durch die Zahlungsunfähigkeit ersetzt, da der Gesetzgeber erkannte, dass viele Schuldner weiterhin zumindest einen Teil der Gläubiger trotz Zahlungsunfähigkeit befriedigen. Die Anfechtung soll daher schon bei Zahlungsunfähigkeit möglich sein.[101] „Zahlungseinstellung ist dasjenige äußere Verhalten des Schuldners, in dem sich typischerweise eine Zahlungsunfähigkeit ausdrückt. Es muss sich also mindestens für die beteiligten Verkehrskreise der berechtigte Eindruck aufdrängen, dass der Schuldner nicht in der Lage ist, seine fälligen Zahlungspflichten zu erfüllen"[102].

Neben dem bereits erwähnten objektiven Tatbestand enthält der § 130 InsO auch einen subjektiven. Der Gläubiger muss Kenntnis über die Tatsache haben, dass der Schuldner zahlungsunfähig ist oder das Insolvenzverfahren eröffnet wurde. Hilfsweise kann u. U. der § 130 Abs. 2 InsO angewandt werden, der dem Gläubiger unterstellt, dass er von der Zahlungsunfähigkeit oder dem Eröffnungsantrag hätte wissen müssen. Anders sieht es

---

[98] Vgl. Pape, G., et al. (2010), S. 414, Rn. 62.
[99] Vgl. BR-Drs. 1/92, S. 157.
[100] Vgl. hierzu früher § 30 KO.
[101] Vgl. BR-Drs. 1/92, S. 157.
[102] BGH vom 12.10.2006 - IX ZR 228/03.

mit Personen aus, die dem Schuldner nahe stehen, wie z. B. Ehegatten oder Lebens-partner.[103] Bei diesen Personen wird gemäß § 130 Abs. 3 InsO vermutet, dass Sie von der Zahlungsunfähigkeit oder dem Eröffnungsantrag wussten.[104]

4.2.2 Inkongruente Deckung, § 131 InsO

Inkongruenz bedeutet eine „mangelnde Übereinstimmung"[105]. Als inkongruente De-ckung wird bezeichnet, wenn eine Leistung an den Gläubiger übergeht, die ihm in keiner Weise zusteht. In keiner Weise bedeutet hier, dass ihm diese Leistung entweder gar nicht oder nicht in dieser Art bzw. zu dieser Zeit hätte zugesprochen werden dürfen. Dabei geht der Gesetzgeber davon aus, dass der Gläubiger in dem Wissen hätte sein, oder zumindest eine Vorahnung hätte haben müssen, dass der Schuldner sich in einer wirtschaftlichen Krise befindet. Somit entfällt der Umfang des Schutzes für den Gläubiger weitgehend[106] da, im Gegensatz zur kongruenten Deckung, auf den subjektiven Tatbestand fast vollstän-dig verzichtet wurde.[107]

Anfechtbar ist nach § 131 Abs. 1 InsO jede Handlung, wenn:

1. eine Handlung einen Monat vor der Eröffnung des Insolvenzverfahrens oder da-nach vorgenommen wurde

2. eine Handlung im zweiten oder dritten Monat vor dem Eröffnungsantrag vorge-nommen wurde oder der Schuldner zu diesem Zeitpunkt bereits zahlungsunfähig war

3. eine Handlung im zweiten oder dritten Monat vor dem Eröffnungsantrag vorge-nommen wurde und dem Gläubiger die Benachteiligung anderer Gläubiger zum Zeitpunkt der Handlung bekannt war.

„Inkongruenz ist also immer dann gegeben, wenn die erhaltene Deckung (Sicherung oder Befriedigung) objektiv nicht exakt einem bestehenden Anspruch des Gläubigers ent-spricht."[108] Eine exaktere Definition ist vom Gesetzgeber nicht gewünscht, da nur so die

---

[103] Vgl. § 138 InsO Nahestehende Personen.
[104] Vgl. Foerste, U. (2008), S. 154, Rn. 307.
[105] Duden, Stichwort: Inkongruenz, Abruf: 04.10.2014.
[106] Vgl. Pape, G. et al. (2010), S. 417, Rn. 76.
[107] Vgl. Kayser, G. (2010), S. 233, Rn. 871.
[108] Reischl, K. (2011), S. 201, Rn. 632.

Möglichkeit entstehen kann, in der Krise einen objektiveren Gläubigerschutz herzustellen.[109]

Wie bereits erwähnt, gilt als inkongruent, wenn ein Gläubiger eine Leistung erhält, die ihm nicht zusteht. In der Literatur werden zwei Inkongruenzen unterschieden: Inkongruente Befriedigung und inkongruente Sicherung.[110] Eine Inkongruente Befriedigung liegt z.B. vor, wenn ein Gläubiger eine Direktzahlung des Schuldners ohne eine Vereinbarung erhält, da kein Anspruch auf diese Zahlung besteht.[111] Anfechtbar ist eine Inkongruente Sicherung hingegen, wenn z. B. für eine Sicherungsabtretung einer Forderung an eine Bank ein Scheck zugrunde liegt.[112]

4.3 Vorsätzliche Benachteiligung, § 133 InsO

Mit dem § 133 InsO hat der Gesetzgeber die Möglichkeit zur Vorsatzanfechtung geschaffen.[113] Durch den § 133 Abs. 1, S. 1 InsO können bei einer vorsätzlichen Benachteiligung Rechtshandlungen bis zu zehn Jahren vor oder nach der Eröffnung angefochten werden. Der Schuldner muss, im Wissen des Dritten, dabei mit dem Vorsatz handeln, andere Gläubiger zu benachteiligen.[114] „Handelt der Schuldner im Zeitpunkt der Eingehung einer Verpflichtung oder der Sicherung oder Verstärkung einer Verpflichtung mit Benachteiligungsvorsatz, so bildet dieser Umstand regelmäßig ein wesentliches Beweisanzeichen dafür, dass der Vorsatz bis zu der Erfüllung der Verpflichtung, der Sicherung oder der Verstärkung fortbesteht."[115] Dem Gesetzgeber reicht als Nachweis des Insolvenzverwalters, dass der Dritte gewusst hat, dass dem Schuldner droht, durch seine Bevorzugung zahlungsunfähig zu werden.[116] Dem Insolvenzverwalter soll die Anfechtung erleichtert werden, sodass er nur konstatieren muss, dass eine vorsätzliche Benachteiligung vorhanden ist. Dies hat er im Falle eines Rechtsstreits zu belegen. Der Anfechtungsgegner hingegen muss an dieser Stelle konkret beweisen, dass er keine Kenntnis der drohenden Zahlungsunfähigkeit hatte. Dabei steht einer drohenden Zahlungsunfähigkeit nicht gleich,

---

[109] Vgl. Kayser, G. (2010), S. 233, Rn. 871.
[110] Vgl. Reischl, K. (2011), 202 ff., Rn. 635 ff..
[111] Vgl. BGH vom 16.10.2008 - IX ZR 2/05.
[112] Vgl. BGH vom 08.03.2007 - IX ZR 127/05.
[113] Vgl. Reischl, K. (2011), S. 212, Rn. 672.
[114] Vgl. Diss. Lind, Th. (2006), S. 9.
[115] BGH vom 10.01.2008 - IX ZR 33/07.
[116] Vgl. Diss. Lind, Th. (2006), S. 9.

dass die Zahlungsunfähigkeit definitiv hätte eintreten müssen, sondern dass diese mit Wahrscheinlichkeit zu erwarten war.[117]

Durch § 133 Abs. 2 InsO können benachteiligende Rechtshandlungen angefochten werden, wenn diese i. V. m. nahestehenden Personen[118] erfolgen. Hierbei handelt es sich um entgeltliche Verträge. Allerdings beträgt hier die Frist zwei Jahre vor der Insolvenzeröffnung oder wenn der Gläubiger die Benachteiligungsabsicht des Schuldners nicht kannte.[119] Bei nahestehenden Personen wird die Beweislast umgekehrt, sodass diese eigenständig nachweisen müssen, dass entweder die Rechtshandlung früher als zwei Jahre passierte oder sie tatsächlich keine Kenntnis über den Vorsatz der Benachteiligung des Schuldners hatten. Die Beweislastumkehr begründet der Gesetzgeber damit, dass nahestehende Personen über einen besonderen Einblick und internes Wissen verfügen und eher, aufgrund von besonderer Verbundenheit zum Schuldner, bereit sind, für andere Gläubiger benachteiligende Rechtsgeschäfte einzugehen.[120]

4.4 Gesellschafterdarlehen, § 135 InsO

In einer Krise haben Gesellschafter die Aufgabe, Entscheidungen über den Fortbestand des Unternehmens zu treffen und rechtzeitig passende Maßnahmen zu ergreifen. Gerade im Hinblick auf eine drohende Insolvenzverschleppung nach § 15a InsO ist es erforderlich, zeitnah zu handeln. Die Gesellschafter haben dabei die Möglichkeit, neues Eigenkapital in die Unternehmung einzuzahlen oder eine Insolvenz einzuleiten, um das Unternehmen entweder zu sanieren oder zu liquidieren. Oftmals gewähren die Gesellschafter, als dritte Alternative, dem Unternehmen ein Darlehen, welches für eine bestimmte Zeit im Unternehmen verbleibt um finanzielle Engpässe zu füllen. Dieses wird, mit einer Verzinsung zum vereinbarten Termin an die Gesellschafter zurückgezahlt. Vergeben die Gesellschafter ein Darlehen an das Unternehmen, wird das Darlehen wie Eigenkapital behandelt, vor allem auch in einem Insolvenzverfahren.[121] In einer Insolvenz gelten Gesellschafter mit ihren gewährten Darlehen als nachrangige Insolvenzgläubiger, gemäß § 135

---

[117] Vgl. Henckel, W. (2008), S. 322, Rn. 51.
[118] Vgl. § 138 InsO Nahestehende Personen.
[119] Vgl. *Diss.* Lind, Th. (2006), S. 9.
[120] Vgl. Henckel, W. (2008), S. 324, Rn. 55.
[121] Vgl. Hess, H. (2007), S. 207 ff., Rn. 717 ff..

Abs. 1 i. V. m. § 39 Abs. 1 Nr. 5 InsO. Dabei werden nachrangige Gläubiger erst befriedigt, wenn alle anderen Gläubiger bedient wurden.[122] Die Rückgewährung von Gesellschafterdarlehen können durch den Insolvenzverwalter oder Sachwalter nach § 135 Abs. 1 InsO angefochten werden, wenn:[123]

1. die Handlung in den letzten zehn Jahren vor dem Antrag auf Eröffnung des Insolvenzverfahrens oder danach vorgenommen wurde und mit dieser eine Sicherung gewährt wurde

2. die Handlung im letzten Jahr vor dem Antrag auf Eröffnung des Insolvenzverfahrens oder danach vorgenommen wurde und mit dieser eine Befriedigung gewährt wurde

„Als Folge .. [ist] der Gesellschafter jedoch nicht vom Insolvenzverfahren ausgeschlossen, vielmehr .. [lebt] sein Anspruch als nachrangige Insolvenzforderung wieder auf."[124] Für die Anfechtung innerhalb des Schutzschirmverfahrens ist es irrelevant, aus welchen Gründen ein Gesellschafterdarlehen gewährt wurde, sei es, dass das Darlehen für den Abschluss eines Geschäftes oder die Restrukturierung des Unternehmens verwendet worden ist. Zudem ist es auch unerheblich, ob der gewünschte Verwendungszweck Erfolg hatte.[125]

Die Nachrangigkeit auf Rückgewährung eines Gesellschafterdarlehens gilt nach § 39 Abs. 4 S. 1 InsO jedoch nur für Gesellschaften, die weder eine natürliche Person, noch eine Gesellschaft als persönlich haftenden Gesellschafter haben, bei der ein persönlich haftender Gesellschafter eine natürliche Person ist.[126] „Persönlich haftende Gesellschafter sind alle Gesellschafter der offenen Handelsgesellschaft (OHG), der Partnerschaftsgesellschaft (PartG), die Komplementäre der Kommanditgesellschaft (KG) und der Kommanditgesellschaft auf Aktien (KGaA)."[127] Jedoch gibt es von der Anfechtung nach § 135 InsO eine Ausnahme. Die Rückführung eines Gesellschafterdarlehens von einem Gesell-

---

[122] Vgl. Kramer, R., et al. (2014), S. 69.
[123] Vgl. *Diss.* Lixfeld, S. (2010), S. 322 ff..
[124] Georg, D. (2011), S. 155.
[125] Vgl. Jockheck, S. (2011), S. 27.
[126] Vgl. Wackerbarth, U., et al. (2013), S. 115, Rn. 359.
[127] Gabler Wirtschaftslexikon, Stichwort: Persönlich haftender Gesellschafter, Abruf: 02.08.2014.

schafter ohne Geschäftsführer-Status und mit weniger als 10 % Beteiligung an einem Unternehmen nach § 39 Abs. 4 S. 1 InsO kann nach § 39 Abs. 5 InsO nicht angefochten werden.[128]

4.5 Weitere Anfechtungsgründe von Rechtshandlungen

4.5.1 Mit denen Masseverbindlichkeiten begründet wurden

Wie bereits in Kapitel 3.4.2.3 erwähnt, hat der Schuldner im Rahmen des Schutzschirmverfahrens die Möglichkeit, nach § 270b Abs. 3 InsO Masseverbindlichkeiten zu begründen, um eine Fortführung des Unternehmens im Eröffnungsverfahren zu gewährleisten. Dies dient, neben der Betriebsfortführung, vor allem auch der Vertrauensgewinnung der Gläubiger, die ein wesentlicher Grund sind, eine Betriebsfortführung zu ermöglichen.[129] Die Ermächtigung zur Begründung von Masseverbindlichkeiten ist dem Wortlaut des § 270b Abs. 3, S. 1 InsO nach auf Antrag des Schuldners durch das Insolvenzgericht anzuordnen. Dabei hat das Insolvenzgericht die Möglichkeit, entweder eine Einzelermächtigung zu erteilen, mit der der Schuldner nur bestimmte Verbindlichkeiten zur Begründung von Masseverbindlichkeiten eingehen darf, oder eine Globalermächtigung, mit der der Schuldner ohne Einschränkungen dazu berechtigt ist, Masseverbindlichkeiten zu begründen.[130] Durch den Querverweis auf den § 55 Abs. 2 InsO wurde vom Gesetzgeber ein Schutzmechanismus für die Personen in § 270b Abs. 3, S. 2 InsO implementiert, die mit dem Schuldner Verbindlichkeiten durch Rechtsgeschäfte oder Dauerschuldverhältnisse eingehen. Hier steht, wie bei der Begründung von Masseverbindlichkeiten, die Erlangung bzw. Erhaltung des Vertrauens der Gläubiger im Vordergrund.[131]

„Steht die begründete, besicherte oder getilgte Masseverbindlichkeit in keinem Zusammenhang mit der beabsichtigten Sanierung und Betriebsfortführung, rechtfertigt dies eine Korrektur durch den Insolvenzverwalter oder Sachwalter."[132] Das Recht zur Anfechtung durch den Insolvenzverwalter oder Sachwalter steht im Einklang mit dem Ziel des Insolvenzverfahrens aus § 1 InsO, alle Gläubiger so gut es geht gemeinsam zu befriedigen. Eine Masseverbindlichkeit, die nicht im direkten Zusammenhang mit der Unternehmenssanierung steht, benachteiligt die Gläubiger.[133]

---

[128] Vgl. Wackerbarth, U., et al. (2013), S. 115, Rn. 358.
[129] Vgl. BT-Drs. 17/7511, S. 37.
[130] Vgl. *Harbeck*, DZWIR 2014, 13, 14.
[131] Vgl. BT-Drs. 17/7511, S. 37.
[132] Schmittmann, J., et al. (2013), S. 763.
[133] Vgl. Schmittmann, J., et al. (2013), S. 763.

Eine angefochtene Handlung muss nach § 143 Abs. 1 InsO der Insolvenzmasse des Schuldners zurückgeführt werden und jener Zustand wieder hergestellt werden, welcher vor dieser Handlung bestand. Dabei darf die Insolvenzenzmasse durch die Rückführung keinen Vorteil erfahren, der ohne die Anfechtung nicht bestanden hätte.[134] Durch die Rückführung der angefochtenen Verbindlichkeit erlangt der Anfechtungsgegner durch § 144 Abs. 1 InsO seinen rechtskräftigen Anspruch auf seine Forderung in vollem Umfang gegen den Schuldner wieder und gilt nicht als abgegolten. Der Abs. 1 bezieht sich also auf Handlungen, die der Schuldner aufgrund einer Verbindlichkeit erbracht hat. § 144 Abs. 2 InsO hingegen betrifft alle Leistungen des Anfechtungsgegners, welche der Schuldner ihm zu erbringen hat. Angefochten wird hier nicht das Erfüllungsgeschäft wie in Absatz 1, sondern das Verpflichtungsgeschäft. Mithilfe dieser Vorschrift hat der Anfechtungsgegner die Möglichkeit, seine erbrachte Leistung zurück zu fordern, sofern diese Leistung noch trennbar von der Masse des Schuldners vorliegt. Ist dem nicht so, hat der Anfechtungsgegner nur noch die Möglichkeit, diese Leistung der Insolvenztabelle[135] entsprechend anzumelden.[136]

Die Absätze 1 und 2 des § 144 InsO sind allerdings voneinander abzugrenzen und können nicht zeitgleich angewendet werden. So kann z. B. ein gegenseitig verpflichtender Vertrag nicht nach § 144 Abs. 2 InsO rückabgewickelt werden, sodass die Leistung des Anfechtungsgegners rückübereignet und gleichzeitig die Forderung nach § 144 Abs. 1 InsO für diesen wiederherzustellen ist. So wird also nach Abs. 2 die Ausgangssituation vor Vertragsschluss wiederhergestellt und hat zur Folge, dass keine der beiden Parteien einen gegenseitigen Anspruch haben. Mit Abs. 1 würde der Anfechtungsgegner jedoch weiterhin eine offene Forderung gegen den Schuldner besitzen.[137]

„Ist die Herausgabe des Erlangten wegen Untergangs, Unvermögens oder Verschlechterung in Natur nicht möglich, hat der Empfänger, soweit ihn ein Verschulden trifft, Wertersatz in Geld zu leisten, § 143 Abs. 1 S. 2 InsO."[138]

Dem Schutz des Gläubigers stehen allerdings auch Risiken entgegen. Zentrale Risikofaktoren verbergen sich im § 208 Abs. 1 InsO und § 209 Abs. 1 InsO, was zur Folge haben

---

[134] Vgl. Schütte, D., et al. (2006), S. 72 ff..
[135] Vgl. § 175 InsO.
[136] Vgl. Henckel, W. (2008), S. 554, Rn. 2 ff.; Smid, S. (2012), S. 335 ff., Rn. 10 ff..
[137] Vgl. Henckel, W. (2008), S. 554, Rn. 4.
[138] Schütte, D., et al. (2006), S. 72.

kann, dass die Forderung der Gläubiger nach einer Anfechtung nicht oder nicht in voller Höhe befriedigt werden kann.[139] Der Insolvenzverwalter bzw. Sachwalter hat gemäß § 208 Abs. 1 InsO dem Insolvenzgericht unverzüglich mitzuteilen, wenn eine Masseunzulänglichkeit vorliegt. Masseunzulänglichkeit bedeutet dem Gesetzgeber nach, dass die Insolvenzmasse zwar zur Kostendeckung des Insolvenzverfahrens ausreicht, jedoch die sonstigen Masseverbindlichkeiten nicht deckt. Ist dies gegeben, muss der Insolvenzverwalter bzw. Sachwalter die Masseunzulänglichkeit auf Veranlassung durch das Insolvenzgericht öffentlich bekannt machen.[140] Die Gläubiger sind zudem gesondert zu informieren.[141] Eine Entbindung des Insolvenzverwalters bzw. Sachwalters von der Pflicht zur Fortführung der verwalterischen Tätigkeiten erfolgt nicht nach der Anzeige der Masseunzulänglichkeit, § 208 Abs. 3 InsO.

Anknüpfend an den § 208 InsO wird in § 209 InsO die Reihenfolge der Verteilung der Insolvenzmasse definiert, wenn die Masseunzulänglichkeit eintritt. Es ist die nachfolgende Reihenfolge bei der Verteilung durch den Insolvenzverwalter bzw. Sachwalter zwingend einzuhalten, gemäß § 209 Abs. 1 InsO:

1. Kosten des Insolvenzverfahrens
2. Befriedigung der Neumasseverbindlichkeiten
3. Befriedigung der Altmasseverbindlichkeiten.

Allen Kosten voran wird die Befriedigung der Insolvenzkosten gestellt, nach § 54 InsO.[142] Danach erst können die Masseverbindlichkeiten, die dem § 55 InsO entsprechen, bedient werden. Die Unterteilung der Masseverbindlichkeiten definiert sich durch den Zeitpunkt ihrer Entstehung. Alle Verbindlichkeiten, die nach der Anzeige der Masseunzulänglichkeit durch den Verwalter eingegangen wurden, werden als Neumasseverbindlichkeiten bezeichnet und sind vorrangig zu bedienen. Alle übrigen Verbindlichkeiten sind Altmasseverbindlichkeiten und entsprechend nachrangig.[143] Zumindest für die nachrangigen

---

[139] Vgl. Schmittmann, J., et al. (2013), S. 763.
[140] Die öffentliche Bekanntmachung hat nach § 9 Abs. 1 InsO zentral und länderübergreifend im Internet zu erfolgen, unter www.insolvenzbekanntmachungen.de.
[141] Vgl. Binz, F., et al. (2004), S. 233 ff., Rn. 1533 ff..
[142] Die Kosten des Insolvenzverfahrens sind: 1. die Gerichtskosten für das Insolvenzverfahren, 2. die Vergütungen und die Auslagen des vorläufigen Insolvenzverwalters, des Insolvenzverwalters und der Mitglieder des Gläubigerausschusses.
[143] Vgl. Schröder, H. (2010), S. 117.

Gläubiger besteht ein hohes Risiko, dass deren Forderungen nicht mehr bedient werden können, wenn die Insolvenzmasse vorzeitig aufgebraucht ist.[144]

4.5.2 Mit denen keine Masseverbindlichkeiten begründet wurden

Rechtshandlungen ohne die Begründung von Masseverbindlichkeiten schützen den Anfechtungsgegner entweder bei Bargeschäften nach § 142 InsO oder bei Leistungen, die im Rahmen einer ernsthaften Sanierung erfolgen.[145]

Bargeschäfte nach § 142 InsO sind Rechtshandlungen, deren Leistungen im unmittelbaren Austausch mit einer gleichwertigen Gegenleistung stattfinden. Dabei kann der Zeitraum zwischen Leistung und Gegenleistung maximal 30 Tage betragen. Andernfalls kann von einem Bargeschäft nicht mehr die Rede sein. Prinzipiell ist der Wirkungsbereich eines Bargeschäftes weitläufig. So kann z. B. auch die Dienstleistung eines Rechtsanwaltes als Bargeschäft angesehen werden, wenn die jeweilige Leistung und Gegenleistung im angemessenen zeitlichen Rahmen jeweils erbracht wurden.[146] Angefochten werden können nur Bargeschäfte, wenn die in Kapitel 4.1.4 dieser Thesis beschriebenen Voraussetzungen des § 133 Abs. 1 InsO gegeben sind, sodass Gläubiger explizit benachteiligt werden.[147]

Eine ernsthafte Sanierung muss durch den Schuldner schon von Beginn an verfolgt werden, damit eine hohe Wahrscheinlichkeit besteht, dass der Benachteiligungsvorsatz des Schuldners gegenüber den Gläubigern ausgeschlossen werden kann. Es reicht nicht aus, nur mit der Hoffnung auf eine erfolgreiche Sanierung einen Benachteiligungsvorsatz ausschließen zu können. Um eine ernsthafte Sanierung zu beweisen, ist es erforderlich, zum Zeitpunkt der Anfechtung einen vollständigen Sanierungsplan ausgearbeitet und diesen zumindest in Teilen umgesetzt zu haben.[148]

4.5.3 Mit denen Altverbindlichkeiten befriedigt wurden

Grundsätzlich können Rechtshandlungen, mit denen Altverbindlichkeiten befriedigt worden sind, angefochten werden, die vor der Eröffnung des Schutzschirmverfahrens entstanden und innerhalb dessen befriedigt wurden. Die Anfechtung wird umso leichter,

---

[144] Vgl. Riedel, E. (2014), S. 80.
[145] Vgl. Schmittmann, J., et al. (2013), S. 764.
[146] Vgl. BGH vom 06.12.2007 - IX ZR 113/06.
[147] Vgl. *Diss.* Lüneborg, C. (2010), S. 147.
[148] Vgl. BGH vom 08.12.2011 - IX ZR 156/09.

wenn der Gläubiger die Erfüllung neuer Leistungen von der Befriedigung der Altverbindlichkeiten in Abhängigkeit stellt und der Schuldner dadurch u. U. nicht weiter in der Lage
sein kann, sein Tagesgeschäft fortzuführen. Dies hat die unmittelbare Gläubigerbenachteiligung zur Folge und dient als Grund zur Anfechtung.[149] Der „BGH [hat] die Bezahlung
von Altforderungen als unmittelbare Gläubigerbenachteiligung i. S. v. § 132 InsO quali-
fiziert"[150]. Die Befriedigung der Altverbindlichkeiten steht zudem im Konflikt mit dem
Grundsatz der Gleichbehandlung der Gläubiger nach § 226 InsO und es wäre den übrigen
Gläubigern nur schwer zu vermitteln, warum die Bevorzugung hier stattgefunden hat.[151]
„Die Anfechtung ist ... nur dann ausgeschlossen, wenn der vorläufige Verwalter mit Zustimmungsvorbehalt durch sein Handeln einen schutzwürdigen Vertrauenstatbestand gesetzt hat und der Empfänger der Leistung demzufolge nach Treu und Glauben (§ 242
BGB) damit rechnen durfte, ein auch nach Eröffnung des Insolvenzverfahrens nicht mehr
entziehbares Recht erhalten zu haben."[152]

5 Haftungsrisiken des GmbH-Geschäftsführers

5.1 Haftung bei Zahlungen an Dritte, § 64 S. 1 GmbHG

Mit dem Gesetz zur Modernisierung des GmbH-Rechts und zur Bekämpfung von Missbräuchen (MoMiG) wurde das GmbH-Gesetz 2008 grundlegend reformiert. Neben zahl-
reichen Neuerungen zur internationalen Wettbewerbsfähigkeit der GmbH wurde auch die
Haftung des GmbH-Geschäftsführers neu überarbeitet, um Missbräuchen in Zeiten der
Unternehmenskrise vorzubeugen.[153] Mit dieser Novellierung hat der Gesetzgeber die Insolvenzantragspflicht des § 64 Abs. 1 GmbHG a. F. in die Insolvenzordnung verschoben
und den § 15a InsO geschaffen. Dieser Eingriff war notwendig, da die Pflicht zur Insol-
venzbeantragung nicht nur die GmbH betrifft, sondern alle juristischen Personen.[154]

In § 64 S. 1 GmbHG n. F. ist fortan die Haftung des Geschäftsführers für die unerlaubte
Abführung aus der Insolvenzmasse geregelt, welche in der Insolvenz dem Gläubiger
schadet, da für die Gläubiger durch die unerlaubte Abführung weniger Insolvenzmasse
zu deren Befriedigung zur Verfügung steht. Dabei steht gerade der Geschäftsführer als

---

[149] Vgl. BGH vom 13.03.2003 - IX ZR 64/02.
[150] Smid, S. (2012), S. 283, Rn. 37.
[151] Vgl. Güther, R. (2006), S. 112 ff..
[152] BGH vom 15.12.2005 - IX ZR 156/04.
[153] Vgl. BT-Drs. 16/6140, S. 1.
[154] Vgl. Wissmann, M. (2009), S. 137 ff., Rn. 10.

ausführendes Organ der Gesellschaft im Mittelpunkt.[155] Der Geschäftsführer ist persönlich der Gesellschaft verpflichtet, den Ersatz von Zahlungen zu leisten, falls dieser Zahlungen vornimmt, obwohl die Insolvenzreife des Unternehmens eingetreten ist.[156] Zahlungen sind nicht nur die Abführung von Geld in bar oder per Überweisung, sondern vielmehr die Schmälerung der Insolvenzmasse im Allgemeinen, wenn z. B. eine Abbuchung vom Geschäftskonto durch einen Dritten vorgenommen wird, weil der Geschäftsführer die Erlaubnis zum Lastschrifteinzug nicht entzogen hat. Gemeint sind somit alle Abführungen, die der Geschäftsführer entweder veranlasst oder zugelassen hat.[157]

Im Konflikt mit der Haftung des GmbH-Geschäftsführers nach § 64 S. 1 GmbHG steht jedoch die Begleichung der Steuerschulden nach §§ 34 Abs. 1 S. 1 i. V. m. 69 AO. Der GmbH-Geschäftsführer ist durch § 34 Abs. 1 S. 1 AO verpflichtet, die steuerlichen Pflichten i. S. d. § 37 AO für das Unternehmen zu leisten, da er sonst nach § 69 AO vom Gesetzgeber haftbar gemacht werden kann.[158] Mit der Einführung des Schutzschirmverfahrens hat der Gesetzgeber dem Schuldner die Möglichkeit gegeben, Masseverbindlichkeiten innerhalb dieses Verfahrens zu begründen, § 270b Abs. 3 i. V. m. § 55 Abs. 2 InsO. Im Insolvenzverfahren werden Steuerverbindlichkeiten nach § 55 Abs. 4 InsO zu den Masseverbindlichkeiten gezählt, wenn diese von einem vorläufigen Insolvenzverwalter zustimmend begründet worden sind. Allerdings schließt dieser Paragraph die Masseverbindlichkeiten aus, die nach § 270b Abs. 3 InsO durch den Schuldner begründet wurden. Die Folge aus diesem Ausschluss ist, dass im Zuge der Massesicherungspflicht keine Steuerverbindlichkeiten beglichen werden dürfen, sobald das Schutzschirmverfahren angeordnet wurde.[159] Womit sich die Frage stellt, „ob die Finanzverwaltung die primär aus dem Schuldnervermögen nicht gezahlten Steuerverbindlichkeiten aus der Zeit des Schutzschirmverfahrens durch Haftungsbescheid gem. § 191 AO gegen ... [den Schuldner] geltend machen kann"[160].

Zwischen der Pflichtverletzung und dem Steuerausfall muss eine Kausalität bestehen, welche jedoch durch die Adäquanztheorie beschränkt ist. Die Adäquanztheorie sagt aus, dass der eingetretene Erfolg durch die Pflichtverletzung erwirkt wurde und ohne diese

---

[155] Vgl. BT-Drs. 16/6140, S. 46.
[156] Vgl. Drescher, I. (2013), S. 97, Rn. 480.
[157] Vgl. Jula, R. (2012), S. 334.
[158] Vgl. Kranz, H. (2008), S. 22.
[159] Vgl. Schmittmann, J., et al. (2014), S. 1407.
[160] Schmittmann, J., et al. (2014), S. 1407.

der Erfolg nicht zustande gekommen wäre. Das Ausbleiben der Steuerzahlungen an die Finanzverwaltung führt zu einer Pflichtverletzung, die nicht gegeben wäre, wenn die Steuerpflicht beglichen würde. Allerdings muss der Schuldner fehlende Steuerverpflichtungen nicht aus eigenen Mitteln begleichen, sondern nur mit der ihm zur Verfügung stehenden Masse im Schutzschirmverfahren, § 39 Abs. 1 S.2 AO.[161] Unterschieden werden zum einen die Umsatzsteuer- und zum anderen die Lohnsteuerverbindlichkeiten. Umsatzsteuerverbindlichkeiten müssen zu gleichen Anteilen bedient werden, wie die Verbindlichkeiten der Gläubiger. Indes müssen bei Lohnsteuerverbindlichkeiten die Löhne der Arbeitnehmer so angepasst werden, dass die Lohnsteuer zahlbar ist und ordnungsgemäß abgeführt werden kann, wenn die liquiden Mittel nicht ausreichend vorhanden sind. Eine anteilige Begleichung der Lohnsteuerverbindlichkeiten ist unvereinbar. Zusätzlich ist auch zu prüfen, ob zum Zeitpunkt der Beantragung des Schutzschirmverfahrens eine Sanierung nicht aussichtslos ist und während der Dauer des Verfahrens auch nicht aussichtslos wird.[162]

Nach aktueller Rechtsprechung führt eine Kürzung der Löhne und der damit verbundenen Abführung der Lohnsteuer zu keinem Konflikt mit der Massesicherungspflicht. Eine Pflichtverletzung bei einer anteiligen Bedienung der Umsatzsteuer besteht zwar eher nicht, allerdings kommt es hier zu einem Konflikt mit der Massesicherungspflicht nach § 64 GmbHG.[163]

5.2 Haftung bei Zahlungen an Gesellschafter, § 64 S. 3 GmbHG

Eine weitere Neuerung des MoMiG ist die persönliche Haftung des GmbH-Geschäftsführers, wenn dieser Zahlungen an die Gesellschafter anweist, welche letztlich ausschlaggebend für die Zahlungsunfähigkeit nach § 17 InsO des Unternehmens sind. Der Geschäftsführer haftet als ausführendes Organ in diesem Innenverhältnis zu den Gesellschaftern höchst selbst.[164] Allerdings ist die persönliche Haftung nach § 64 S. 3 GmbHG nur dann möglich, wenn der Geschäftsführer nicht nach den Regeln eines ordentlichen

---

[161] Vgl. Ziegenhagen, A. (2010), S. 71 ff., Rn. 18.
[162] Vgl. Schmittmann, J., et al. (2014), S. 1408.
[163] Vgl. Schmittmann, J., et al. (2014), S. 1408.
[164] Vgl. Holzborn, T., et al. (2013), S. 139, Rn. 482 ff..

Kaufmanns nach § 64 S. 2 GmbHG handelte. Ziel dieser Norm ist der Schutz des Vermögens des Schuldners und die damit verbundene Verhinderung der Vermögensverschiebung.[165]

Der § 64 S. 3 GmbHG ist eine Erweiterung des § 30 Abs. 1 S. 1 GmbHG. Danach ist der Geschäftsführer zum Kapitalerhalt des Unternehmens verpflichtet und darf kein Vermögen an die Gesellschafter zahlen, welches das Stammkapital gefährdet. Der Gesetzgeber erweitert mit dem § 64 S. 3 GmbHG diese Regelung insofern, als dass es nicht nur bei Zahlungen an die Gesellschafter, die das Stammkapital gefährden, zur persönlichen Haftung des Geschäftsführers kommt, sondern darüber hinaus jene Zahlung, die das Unternehmen in die Zahlungsunfähigkeit führt. Denn das Vermögen des Schuldners ist primär zur Befriedigung der Gläubigerverbindlichkeiten bestimmt. Um das Vermögen zu schützen, wendet sich die Haftungsnorm des § 64 GmbHG auch gegen den Geschäftsführer und nicht gegen die Gesellschafter.[166]

5.3 Insolvenzverschleppung, § 15a InsO

Wie bereits in Kapitel 5.1 angerissen, ist durch die Novellierung des GmbHG im Zuge des MoMiG die Norm der Insolvenzverschleppung des § 64 Abs. 1 GmbHG a. F. in den neu eingeführten § 15a InsO transferiert worden. Die Insolvenzantragspflicht gilt nunmehr für alle juristischen Personen gleich.[167] Nach § 15a Abs. 1 InsO ist der GmbH-Geschäftsführer als Vertreter der Gesellschaft verpflichtet, nach Eintritt der Zahlungsunfähigkeit, § 17 InsO, oder Überschuldung, § 19 InsO, einen Insolvenzantrag zu stellen. Dieser Pflicht hat er ohne schuldhaftes Verzögern, jedoch binnen drei Wochen, nachzukommen.[168] Die Verpflichtung zum Insolvenzantrag bezweckt den Schutz der Altgläubiger, damit die vorhandene Insolvenzmasse nicht weiter geschmälert wird. Zudem sollen auch die Neugläubiger geschützt werden, die u. U. nach der eingetretenen Zahlungsunfähigkeit oder Überschuldung Verträge mit dem Schuldner geschlossen haben. Ist die Gesellschaft geschäftsführerlos, liegt die Pflicht zum Insolvenzantrag nach § 15a Abs. 3 InsO automatisch bei den Gesellschaftern.[169] Die neue Norm des § 15a Abs. InsO wird fortan i. V. m. § 823 Abs. 2 BGB die deliktische Handlungsnorm bilden.[170]

---

[165] Vgl. *Passarge* in: Das neue GmbH-Recht (2009), S. 205.
[166] Vgl. BT-Drs. 16/6140, S. 46.
[167] Vgl. Wissmann, M. (2009), S. 151 ff., Rn. 6 ff..
[168] Vgl. Holzborn, T., et al. (2013), S. 142 ff., Rn. 520 ff..
[169] Vgl. BT-Drs. 16/6140, S. 55.
[170] Vgl. Wissmann, M. (2009), S. 153, Rn. 9.

Der Gesetzgeber verleiht der Antragspflicht durch strafrechtliche Konsequenzen Nachdruck und unterscheidet die Härte der Strafe in Vorsatz und Fahrlässigkeit. Nach § 276 Abs. 2 BGB handelt fahrlässig, wer die nötige gebotene Sorgfalt im Geschäftsleben außer Acht lässt. Dies bestraft der Gesetzgeber mit bis zu einem Jahr Haft oder einer Geldstrafe, wenn der Eröffnungsantrag nicht, nicht richtig oder nicht rechtzeitig gestellt wird, § 15a Abs. 5 InsO. Vorsatz hingegen ist das absichtliche „Herbeiführen oder Vereiteln eines Erfolges"[171], welches dazu führt, dass der Eröffnungsantrag bewusst nicht gestellt wird. Dies ahndet der Gesetzgeber strenger, nämlich mit bis zu drei Jahren Haft oder einer Geldstrafe, § 15a Abs. 4 InsO.

5.4 Weitere strafrechtliche Konsequenzen

5.4.1 Betrug, § 263 StGB

„Nahezu alle kaufmännischen Geschäfte, Bank- und Finanzdienstleistungen sowie andere vertragliche Austauschverhältnisse des Wirtschaftslebens sehen in der Solvenz und Leistungsfähigkeit der jeweiligen Vertragspartner eine wesentliche Vertrauensgrundlage im Sinne von §§ 241 Abs. 2, 242 BGB (Treu und Glauben)."[172] Täuscht der Geschäftsführer eines Unternehmens bei Vertragsabschluss dem Vertragspartner eine falsche wirtschaftliche Situation mit dem Ziel vor, dass der Vertragspartner einen Vertrag eingeht, den er nicht eingegangen wäre, wenn er die tatsächliche wirtschaftliche Situation gekannt hätte, wird ein Betrug begangen und kann durch den § 263 StGB bestraft werden.[173] Die Täuschungshandlung liegt darin, dass dem Geschäftspartner durch die Bestellung und Abnahme einer Ware vermittelt wird, in der Lage zu sein, diese auch bezahlen zu können, obwohl die wirtschaftliche Situation dies nicht zulässt.[174] Konkret kommt es hierbei darauf an, dass der Geschäftsführer aktiv und im vollen Bewusstsein der wirklichen Situation handelt.[175] Der Geschäftsführer begeht hier einen Eingehungsbetrug, wenn er bereits schon vor oder zumindest bei Vertragsabschluss in dem Wissen ist, insolvent zu sein.[176] Zudem ist der Geschäftsführer durch die Bestimmung des § 823 Abs. 2 BGB zum Schadensersatz verpflichtet.[177]

---

[171] Gabler Wirtschaftslexikon, Stichwort: Vorsatz, Abruf: 07.08.2014.
[172] Dannecker, G., et al. (2012), S. 301, Rn. 776.
[173] Vgl. Dannecker, G., et al. (2012), S. 301, Rn. 776.
[174] Vgl. Hommel, U., et al. (2006), S. 682.
[175] Vgl. Heim, C. (2013), S. 108.
[176] Vgl. Schulz, D., et al. (2012), S. 315.
[177] Vgl. Schirmer, K. (2010), S. 48.

Der Gesetzgeber bestraft den Tatbestand des Betruges mit einer Freiheitsstrafe von bis zu fünf Jahren oder mit einer Geldstrafe, § 263 Abs. 1 StGB. Selbst der Versuch, jemanden zu betrügen, ist strafbar, § 263 Abs. 2 StGB.

5.4.2 Bankrott, § 283 StGB

Allgemein wird als Bankrott definiert, wenn ein Unternehmen nicht mehr in der Lage ist, offene Verbindlichkeiten zu bedienen und somit die absolute Zahlungsunfähigkeit gegeben ist.[178] Strafbar wird der Bankrott dann, wenn der Geschäftsführer aus der Masse Werte entnimmt und diese entweder beiseiteschafft oder deren Zugriff erschwert, z. B. durch eine Umschreibung von Vermögensgegenständen ohne Gegenleistung oder Abhebung von Bargeld vom Geschäftskonto ohne Begründung. Durch solche Handlungen minimiert der Geschäftsführer die Masse des Unternehmens, welche für die Befriedigung der Gläubiger verwendet werden soll. Dies führt zu einer Gläubigerbenachteiligung, die durch den Insolvenzverwalter zu verhindern ist.[179] Der Gesetzgeber nennt in § 283 Abs. 1 StGB, neben des Beiseiteschaffens von Vermögen im Falle eines Insolvenzverfahrens in Nr. 1 der Norm, weitere Straftatbestände. So u. a. die Beschaffung von Waren auf Kredit und deren Veräußerung deutlich unter Wert in Nr. 3, das Unterlassen der Führung von Handelsbüchern oder aber deren Fälschung in Nr. 5 oder die vorzeitige Vernichtung der Handelsbücher vor Ablauf der Aufbewahrungsfrist, aber auch jedweder Versuch, § 283 Abs. 3 StGB.

Die Strafbarkeit nach § 283 StGB setzt vorab voraus, dass sich das Unternehmen in einer Krise befindet und nach §§ 17 – 19 InsO ein Insolvenzgrund gegeben ist. Ist einer der Insolvenzgründe nicht gegeben, bzw. kann dieser nicht festgestellt werden, darf eine Verurteilung nicht erfolgen. Dies gilt jedoch nicht, wenn der Geschäftsführer durch seine Bankrotthandlung das Unternehmen erst in die Krise führt.[180]

5.4.3 Veruntreuung von Arbeitsentgelt, § 266a StGB

Bei der Veruntreuung werden zwei Ausprägungen differenziert. Zum einen kann sich die Veruntreuung gegen die GmbH richten, wenn der Geschäftsführer Zahlungen auf sein privates Konto vornimmt, für die er keine Gegenleistung erbringt und sich somit bereichert. Zum anderen kann sie sich auch gegen Dritte richten, wenn der Geschäftsführer die

---

[178] Vgl. Gabler Wirtschaftslexikon, Stichwort: Bankrott, Abruf: 30.08.2014.
[179] Vgl. Graf, J. (2011), S. 204 ff., Rn. 243.
[180] Vgl. *Wegner* in: Handbuch Wirtschaftsstrafrecht (2012), S. 861, Rn. 2.

Vermögensbetreuungspflichten, die ihm auferlegt wurden, verletzt und Gelder unrechtmäßig an sich selbst abführt. In beiden Fällen haftet der Geschäftsführer nach § 823 Abs. 2 BGB i. V. m § 266 StGB persönlich.[181] § 263 Abs. 1 StGB sieht vor, dass der Missbrauch der eingeräumten Befugnis des Geschäftsführers kraft Gesetzes, behördlichen Auftrages oder Rechtsgeschäftes zur Verfügung oder einem anderen zur Verpflichtung über fremdes Vermögen mit Freiheitsstrafe bis zu fünf Jahren oder mit Geldstrafe bestraft wird. Gleiches gilt, wenn die ihm kraft Gesetzes, behördlichen Auftrags, Rechtsgeschäfts oder eines Treueverhältnisses obliegende Pflicht, fremde Vermögensinteressen wahrzunehmen, verletzt und dadurch dem, dessen Vermögensinteressen er zu betreuen hat, Nachteil zugefügt wird. Besonders schwere Fälle werden sogar mit einer Freiheitsstrafe von im Umfang von mindestens sechs Monaten und bis zu zehn Jahren geahndet, § 266 Abs. 2 StGB.

Der GmbH-Geschäftsführer unterliegt der Haftung bei unerlaubten Zahlungen an Dritte, gemäß § 64 GmbHG. Dies führt zu einem Konflikt bei der Bezahlung der Beiträge zur Sozialversicherung.[182]

Die Sozialversicherungsbeiträge sind nach § 28d SGB IV:

- die Beiträge zur Krankenversicherung
- die Beiträge zur Pflegeversicherung
- die Beiträge zur Rentenversicherung und
- die Beiträge zur Bundesanstalt für Arbeit.

Da in der Eigenverwaltung ein Zahlungsverbot für den Geschäftsführer besteht, darf er rein faktisch keine Sozialversicherungsbeiträge abführen, da dies zur Folge hat, dass die Insolvenzmasse geschmälert würde und dies die Gläubiger benachteiligt. Auf der anderen Seite steht das Zahlungsverbot in Konflikt mit dem § 226a StGB. Diese Norm bestraft den Geschäftsführer, wenn er der Einzugsstelle die Sozialabgaben vorenthält, mit einer Freiheitsstrafe von bis zu fünf Jahren oder mit einer Geldstrafe. Die Strafbarkeit allgemein bleibt in der Eigenverwaltung oder dem Insolvenzverfahren weiterhin bestehen.[183]

Der BGH hat in seinem Urteil entschieden, dass von einem ordentlichen Geschäftsführer nach § 64 S. 2 GmbHG nicht verlangt werden kann, sich strafrechtlichen Konsequenzen

---

[181] Vgl. Jula, R. (2012), S. 270.
[182] Vgl. Dannecker, G., et al. (2009), S. 425 ff., Rn. 1179 ff..
[183] Vgl. Dannecker, G., et al. (2009), S. 425 ff., Rn. 1179 ff..

auszusetzen, die er persönlich zu befürchten hätte. Somit ist es legitim, wenn er trotz Pflicht zur Massesicherung weiterhin die Sozialversicherungsbeiträge bezahlt. Er kann dafür nicht strafrechtlich nach § 823 Abs. 2 BGB i. V. m. § 266a StGB belangt werden, wenn sich das Unternehmen in einer Krise bzw. in der Eigenverwaltung befindet.[184]

6 Kritische Würdigung

6.1 Kritische Würdigung der Änderung der Insolvenzordnung durch das ESUG

Die gesamte Insolvenzrechtsreform umfasst drei Stufen. In der ersten Stufe wurde 2012 das ESUG eingeführt, in Stufe zwei trat zum 01. Juli 2014 die Reform des Verbraucherinsolvenz- und Restschuldbefreiungsverfahrens in Kraft und die dritte Stufe befasst sich mit der Neuregelung von Konzerninsolvenzen.[185]

Das ESUG hat zum Ziel, durch ein vereinfachtes und verbessertes Sanierungsverfahren Unternehmen erfolgreicher aus der Krise zu führen. Mit dem Erhalt der Unternehmen werden zugleich auch Arbeitsplätze gesichert, deren Verträge bei einer Zerschlagung des Unternehmens sonst aufgelöst werden müssten. Gleichwohl bleibt das oberste Ziel der gemeinschaftlichen Befriedigung der Gläubiger bestehen.[186] Instrumente, wie z. B. die Eigenverwaltung, die Sanierung oder der Insolvenzplan, die das ESUG scheinbar hervorbrachte, gab es jedoch schon seit der Novellierung des Insolvenzrechts im Jahre 1999. Allerdings waren zunächst weder die Insolvenzverwalter gewillt, das neue Handwerk in die Tat umzusetzen, noch war die Gesetzesgrundlage zweifelsfrei anwendbar. Es war etwas Neues im deutschen Insolvenzrecht, ein Unternehmen nicht zwangsläufig zerschlagen zu müssen, welche als einzige Methode vorab über Jahrzehnte angewandt wurde.

Beeinflusst wurde ESUG durch die amerikanische Handhabe mit insolventen Unternehmen. In den USA werden insolvente Firmen, die reorganisationsfähig sind, nach dem *Chapter 11* des *Bankruptcy Code*[187] saniert. Der Schuldner erhält die Möglichkeit, einen Insolvenzplan auszuarbeiten, mit dessen Hilfe er das Unternehmen retten möchte. Wird dieser von den Gläubigern akzeptiert, wird dem Schuldner für sein Unternehmen eine zweite Chance eingeräumt. Allgemein wird in den USA das Scheitern eines Unterneh-

---

[184] Vgl. BGH vom 02.06.2008 - II ZR 27/07.
[185] Vgl. BMJV, Reform des Insolvenzrechts, Abruf: 31.08.2014.
[186] Vgl. BMJV, Reform des Insolvenzrechts, Abruf: 31.08.2014;. BT-Drs. 17/5712, S. 1.
[187] Amerikanisches Insolvenzrecht.

mens positiv angesehen und es wird grundsätzlich jedem eine zweite Chance zugestanden. Der *Bankruptcy Code* kennt aber auch durch *Chapter 7* die Liquidierung von Unternehmen, wenn eine Sanierung aussichtslos ist. Durch *Chapter 7* wird die übrig gebliebene Insolvenzmasse auf die Gläubiger verteilt und das Unternehmen liquidiert.[188]

Durch Beobachtungen der Insolvenzkultur in England und Frankreich bemerkte der Gesetzgeber die Wichtigkeit des Einflusses der Gläubiger aber auch der Kontrollverfügung des Schuldners über das Unternehmen. So erfuhren die Eigenverwaltung und vor allem auch das Schutzschirmverfahren ihre Popularität. Ein wesentlicher Vorteil ist der Schutz des Schuldners vor den Gläubigern innerhalb des Schutzschirmverfahrens. Der Schuldner stellt in maximal drei Monaten einen Insolvenzplan auf, mithilfe dessen er das Unternehmen sanieren möchte. Mit dem Schutz vor den Gläubigern soll der Schuldner zur frühzeitigen Insolvenzantragsstellung ermuntert werden, was zum Vorteil hat, dass i. d. R. weitaus mehr Vermögen im Unternehmen vorhanden ist, als wenn der Antrag erst später gestellt würde. Zudem ist die Wahrscheinlichkeit, dass qualifizierte Mitarbeiter das Unternehmen verlassen haben, ist noch gering.[189] Auch die bereits genannten namenhaften Unternehmen, wie z. B. der Verlag Suhrkamp, der Fernsehgerätehersteller Loewe, der Maschinenbauer Centrotherm oder die Immobilienfirma IVG Immobilien beantragten das Schutzschirmverfahren zur Unternehmenssanierung.[190]

Ein weiterer Vorteil innerhalb des Schutzschirmverfahrens ist die Entscheidungsgewalt des Schuldners über die Wahl des einzusetzenden Sachwalters für die Zeit des Schutzschirmverfahrens. Wird ein Sachwalter durch den Schuldner benannt, ist das Insolvenzgericht durch den Gesetzgeber verpflichtet, die gewählte Person für das Amt offiziell zu bestätigen, es sei denn, dass Gründe vorliegen, die eine Untauglichkeit als Sachwalter belegen.[191]

Zu den Voraussetzungen zur Beantragung des Schutzschirmverfahrens in der Eigenverwaltung bedarf es nach § 270b Abs. 1 S. 3 InsO einer Bescheinigung aus der sich die Sanierungswürdigkeit des Unternehmens ergeben soll. Genau hier ergibt sich nach h. M. der größte Kritikpunkt gegenüber dem Schutzschirmverfahren. Eine klare gesetzliche Regelung, wer die Bescheinigung ausstellen darf, existiert nicht. Zwar werden in § 270b

---

[188] Vgl. Harant, I. (2013), S. 11 ff..
[189] Vgl. *Römermann*, NJW 2012, 645, 645.
[190] Vgl. Handelsblatt, Schöner Scheitern, Abruf: 31.08.2014.
[191] Vgl. *Jäger* in: Forum Mergers & Acquisitions 2012 (2012), S. 38.

Abs. 1 S. 3 InsO eindeutige Personenkreise wie Steuerberater, Wirtschaftsprüfer oder Rechtsanwälte genannt, allerdings bleibt der Kreis der Personen mit vergleichbarer Qualifikation nahezu undefiniert.[192] Des Weiteren besteht die Gefahr zur Ausstellung von Gefälligkeitsbescheinigungen. Gefälligkeitsbescheinigungen sind jene, die aufgrund einer guten Beziehung zwischen Schuldner und Bescheinigendem ausgestellt werden, obwohl das Unternehmen aufgrund der wirtschaftlichen Situation nicht berechtig ist, diese zu erhalten. Eine härtere Sanierung oder gar die Liquidierung können die Folge sein.[193]

Fraglich ist derzeit noch, in welche Richtung sich der Nutzen der Eigenverwaltung und des Schutzschirmverfahrens entwickeln wird. Einerseits können sich die beiden Instrumente bei richtiger Anwendung, also im Sinne der erfolgreichen Gläubigerbefriedigung und dem damit verbundenen Erhalt des Unternehmens, als wertvoll erweisen, da die Unternehmen nach amerikanischem Vorbild eine zweite Chance erhalten.[194] Soll die Insolvenzkultur nachhaltig optimiert und attraktiver werden, ist es zum einen erforderlich, dass die Instrumente häufiger angewendet werden und zum anderen, dass alle Beteiligten gleichermaßen durch aktiven Einfluss ein erfolgreiches Ergebnis zusteuern.[195]

6.2 Kritische Würdigung des vorläufigen Sachwalters

Der vorläufige Sachwalter in der Eigenverwaltung bzw. dem Schutzschirmverfahren dient in erster Linie dazu, dass der Einfluss der Gläubiger gestärkt wird. Dabei soll aber auch dem Schuldner die Möglichkeit gegeben werden, den Zweck der Eigenverwaltung bzw. des Schutzschirmverfahrens mit einer ihm vertrauten Person als Sachwalter zu erfüllen, wenngleich dieser als objektiver Dritter auftreten soll.[196] Allerdings ist es fraglich, wie geeignet der vorläufige Sachwalter für seine anstehende neue Tätigkeit sein kann, wenn die zeitlichen Rahmen als kritischer Faktor einbezogen werden, in der eine geeignete Person gefunden werden muss. Da bei insolventen Unternehmen Eile geboten ist, vergeht kaum Zeit von der Antragstellung auf Eigenverwaltung und Schutzschirmverfahren, über die Einbeziehung des Gläubigerausschusses bis zur Zulassung nach § 270 ff. InsO. Gerade in größeren Unternehmen mit einem fortlaufenden Geschäftsbetrieb darf es

---

[192] Vgl. Neuner, E. (2013), S. 34.
[193] Vgl. Handelsblatt, Schöner Scheitern, Abruf: 31.08.2014.
[194] Vgl. *Körner*, NZI 2007, 270, 275.
[195] Vgl. *Bales*, NZI 2008, 216, 221.
[196] Vgl. *Hofmann*, NZI 2010, 798, 802.

hier zu keiner Stockung dessen kommen, um keine weiteren Verluste zu produzieren. Im Ergebnis würden die Verluste eine Minderung der Insolvenzmasse bedeuten.[197]

Dem Sachwalter wird in seiner Tätigkeit eine überaus wichtige Funktion zugesprochen. Er hat durch seine Kompetenzen und Erfahrungen für einen reibungslosen und erfolgreichen Ablauf des Verfahrens zu sorgen. Dabei ist es erforderlich, dass er zum einen stets den Überblick über die geschäftlichen Geschehnisse behält und zum anderen das Verfahren im Allgemeinen sorgfältig führt. Er wird somit eher nicht die Rolle des stillen Beobachters innehaben, sondern ein zentraler Beteiligter sein.[198]

„Der [vorläufige] Sachwalter steht .. als Aufsichtsorgan neben der sich eigenverwaltenden Unternehmensleitung, ohne dass er wie ein Insolvenzverwalter der Entscheidungsträger für alle wirtschaftlichen und rechtlichen Vorgänge ist."[199]

Nicht unerwähnt sollte der Vorteil bleiben, dass der Sachwalter im Gegensatz zum Insolvenzverwalter in der Entlohnung günstiger ist. Nach § 12 Abs. 1 InsVV wird dem Sachwalter 60 % der für den Insolvenzverwalter bestimmten Vergütung zugesprochen. Dies ist darauf zurückzuführen, dass er, im Gegensatz zum Insolvenzverwalter, keine geschäftsführenden Aufgaben übernimmt und der Schuldner in der Eigenverwaltung und im Schutzschirmverfahren seine Verwaltungs- und Verfügungsbefugnis behält. Die führt wiederum zu einer höheren Verfügbarkeit der Insolvenzmasse, welche den Gläubigern zugeführt werden kann.[200]

6.3 Kritische Würdigung der Anfechtungsrisiken

Mithilfe des *par conditio omnium creditorum*[201] wird die Anfechtung der kongruenten und inkongruenten Deckung ermächtigt. Es ist unerheblich, ob der Schuldner die kongruente oder inkongruente Deckung herbeigeführt hat. Somit ist für die Anfechtung weder ein Benachteiligungsvorsatz, noch eine Rechtshandlung des Schuldners notwendig, sondern diese erfolgt lediglich aus Gründen des Vertrauensschutzes.[202]

Mit den Anfechtungsmöglichkeiten der §§ 129 ff. InsO wird dem Insolvenzverwalter respektive dem Sachwalter die Möglichkeit gegeben, die Insolvenzmasse zu schützen, wenn

---

[197] Vgl. *Hofmann*, NZI 2010, 798, 803.
[198] Vgl. *Flöther*, ZInsO 2014, 465, 472.
[199] Niering, Ch., et al. (2012), S. 278.
[200] Vgl. Liebig, M. (2010), S. 144.
[201] Gleichbehandlungsgrundsatz, vgl. *Jensen*, NZI 2013, 471, 476.
[202] Vgl. *Jensen*, NZI 2013, 471, 476.

z. B. Geschäfte abgewickelt wurden, die nicht hätten erfolgen dürfen. Dadurch können diese rückabgewickelt und somit die Insolvenzmasse wieder vergrößert bzw. der Urzustand wiederhergestellt werden. Mithilfe der Anfechtungsmöglichkeiten soll verhindert werden, dass ein Gläubiger bevorzugt wird und dies zu einer Benachteiligung der anderen Gläubiger führt.[203] Die Anfechtung ist somit notwendig, um den Zustand wiederherzustellen, welcher vor dem Krisenbeginn bestand.[204] „Vorgenommene Rechtsgeschäfte werden durch die Anfechtung allerdings nicht unwirksam; vielmehr entsteht dadurch lediglich ein schuldrechtlicher Rückgewährungsanspruch, der beinhaltet, dass die Masse so gestellt werden muss, wie sie ohne die angefochtene Rechtshandlung stünde."[205] Es wird also nicht die eigentliche Rechtshandlung angefochten, sondern vielmehr die Gläubigerbenachteiligung, die durch die Rechtshandlung entstanden ist.[206]

Die Rechtsfolgen für die Anfechtung ergeben sich aus dem § 143 InsO. Demnach ist etwas, das aus dem Vermögen des Schuldners veräußert, weggegeben oder aufgegeben wurde, zurück zu gewähren. Der Herausgabeanspruch ergibt sich aus § 143 Abs. 1 InsO i. V. m. § 812 Abs. 1 BGB.

Durch die Rückgewährung einer erfolgreichen Anfechtung lebt die einstige Forderung des Gläubigers wieder auf und er wird zu einem Insolvenzgläubiger. Dadurch erhält er einen Anspruch auf die Insolvenzmasse. Allerdings mit der gleichen Quote, wie alle anderen Insolvenzgläubiger auch.[207]

Etwas intensiver muss die Betrachtung der Anfechtung von Gesellschafterdarlehen erfolgen. „Bei der Finanzierung mittels Gesellschafterdarlehen [muss] eine Abwägung zwischen dem Interesse des Gesellschafters an der Erhaltung der Haftungsbeschränkung und Finanzierungsfreiheit und dem Interesse der Gläubiger an einem ausreichenden Gläubigerschutz und einer gesunden Kapitalstruktur des Unternehmens [stattfinden]."[208] Die Forderung eines Gesellschafters ist anfechtbar, wenn diese innerhalb des letzten Jahres vor Einreichung des Insolvenzantrags eine Befriedigung des Schuldners stattfand.[209]

---

[203] Vgl. Depré, P. (2012), S. 66.
[204] Vgl. Reischl, K. (2011), S. 12, Rn. 39.
[205] Römermann, V., et al. (2012), S. 132, Rn. 397.
[206] Vgl. Neyses, A. (2012), S. 36; BGH vom 21.09.2006 - IX ZR 235/04.
[207] Vgl. Hansen Díaz, A. (2012), S. 367.
[208] Georg, D. (2011), S. 221.
[209] Vgl. Georg, D. (2011), S. 221.

Beantragt der Schuldner das Schutzschirmverfahren, könnte davon ausgegangen werden, dass innerhalb dieser Zeit eine Anfechtung nicht möglich sei. Der Gesetzgeber hat jedoch keine konkreten Angaben hierzu herausgegeben, sodass womöglich eine Anfechtung im Schutzschirmverfahren sehr wohl möglich ist. Regelungen zu einem Anfechtungsschutz hat er nicht getroffen.[210]

6.4 Kritische Würdigung der Haftungsrisiken

Das GmbHG sieht zum Schutz eines Unternehmens die Sperrung einer Person als Geschäftsführer vor, wenn aufgrund einer Straftat die Ausübung für das Unternehmen nicht mehr zumutbar ist. Bis zur Einführung des MoMiG zum 01.11.2008 durfte eine Person die Tätigkeit eines Geschäftsführers für fünf Jahre nicht ausüben, wenn sie aufgrund eines Insolvenzdeliktes nach dem StGB verurteilt wurde.[211] Dazu galten:

- Bankrott, § 283 StGB
- Verletzung der Buchführungspflicht, § 283b StGB
- Gläubigerbegünstigung, § 283c StGB und
- Schuldnerbegünstigung, § 283d StGB.

Mit dem MoMiG wurden die Insolvenzdelikte erweitert durch:

- Antragspflicht bei juristischen Personen und Gesellschaften ohne Rechtspersönlichkeit, § 15a InsO
- falsche Angaben, insbesondere im Hinblick auf die Unternehmensgründung, § 82 GmbHG

Neben den Insolvenzdelikten kann ein Geschäftsführer auch gesperrt werden, wenn er aufgrund einer oder mehrerer Vermögensdelikte belangt wurde, wie:[212]

- Betrug, § 263 StGB
- Computerbetrug, § 263a StGB
- Subventionsbetrug, § 264 StGB
- Kapitalanlagebetrug, § 264a StGB
- Kreditbetrug, § 265b StGB
- Untreue, § 266 StGB

---

[210] Vgl. Schmittmann, J., et al. (2013), S. 765 ff..
[211] Vgl. Völker, L. (2014), S. 47.
[212] Vgl. Jula, R. (2012), S. 6.

- Vorenthalten und Veruntreuen von Arbeitsentgelten, § 266a StGB

Allerdings gilt bei den Vermögensdelikten eine Sperrung als Geschäftsführer nur dann, wenn die Bestrafung mindestens ein Jahr Freiheitsstrafe umfasst.[213]

Ein großer Konfliktpunkt in der Haftung des Geschäftsführers im Insolvenzverfahren ist die Abführung von Sozialversicherungsbeiträgen in der Eigenverwaltung und im Schutzschirmverfahren. Wie bereits festgestellt wurde, hat der Unternehmer im Falle einer Krise nach § 15a InsO eine Frist von drei Wochen, um einen Insolvenzantrag zu stellen. Wird dieser gestellt, setzt nach höchstrichterlicher Rechtsprechung die Verpflichtung zur Zahlung der Sozialversicherungsbeiträge aus. Der Geschäftsführer ist also nicht weiter verpflichtet, diese Beiträge an die Sozialversicherungsträger abzuführen und muss keine Strafe nach § 266a StGB fürchten. Die Sozialversicherungsträger haben ihre Forderungen dem Unternehmen gegenüber, genauso wie alle anderen Insolvenzgläubiger auch, nach § 38 InsO der Insolvenzmasse anzumelden. Dabei werden sie allerdings nicht nachrangig behandelt, sondern gleichberechtigt mit allen anderen Insolvenzgläubigern. Eine vorzeitige Abführung an die Einzugsstellen außerhalb der Befriedigung aller Gläubiger würde zu einer Masseschmälerung und somit zu einer Gläubigerbenachteiligung führen. Diese Handlung des Geschäftsführers würde nach den §§ 129 ff. InsO anfechtbar sein.[214]

Anders sieht es jedoch aus, wenn ein Unternehmen in eine Krise gerät, jedoch versäumt wird, einen Insolvenzantrag zu stellen, oder der Antrag, aus welchen Gründen auch immer, abgelehnt wird bzw. unwirksam ist. In diesem Fall ist der Geschäftsführer sehr wohl an die Zahlungspflicht gegenüber der Sozialversicherungsträger gebunden und darf nicht eigenmächtig die Zahlung einstellen. Enthält der Geschäftsführer die Beiträge den Sozialversicherungsträgern ohne Insolvenzantrag den Einzugsstellen dennoch vor, weil das Unternehmen aufgrund der Krise nicht mehr zahlungsfähig ist, kann der Geschäftsführer durch § 266a StGB bestraft werden. Es fehlt hier dann der Rechtfertigungsgrund, die Sozialversicherungsbeiträge einzubehalten.[215]

---

[213] Vgl. Drygala, T., et al. (2012), S. 194 ff., Rn. 13.
[214] Vgl. *OLG Dresden*, NZI 2014, 703, 706.
[215] Vgl. Brennecke & Partner, Vorrang der Abführung von Sozialversicherungsbeiträge gemäß § 266a StGB gegenüber der Massesicherheit gemäß § 64 II GmbHG in der Phase der Insolvenzreife, Abruf: 06.09.2014.

Der Geschäftsführer ist also von der Zahlungspflicht nicht befreit, wenn er zum Zeitpunkt der Zahlung keine finanziellen Mittel mehr besitzt.[216]

Nach höchstrichterlicher Rechtsprechung gilt, dass im Falle einer Nichtabführung der Sozialversicherungsbeiträge die Einzugsstellen in der Beweispflicht sind, ein Versäumnis detailliert nachzuweisen, aus dem eine deliktische Haftung des Geschäftsführers gestützt wird. Bei Inanspruchnahme des Geschäftsführers durch die Einzugsstellen aufgrund einer deliktischen Haftung nach § 823 Abs. II BGB kann ein Schadensersatzanspruch gemäß § 280 Abs. 1 BGB folgen. Den Geschäftsführer hingegen trifft nur eine untergeordnete sekundäre Darlegungspflicht. Er muss Beweise und Umstände darlegen, die eine Einbehaltung der Sozialversicherungsbeiträge erklären. Hat ein Unternehmen mehrere Geschäftsführer mit unterschiedlichen Aufgabenbereichen, hat jeder von ihnen der Sorgfaltspflicht als Geschäftsführer wegen, dafür zu sorgen, dass Verbindlichkeiten ordnungsgemäß bedient werden bzw. entsprechend zu handeln, wenn eine Abführung von Beträgen nicht möglich ist. Dies gilt gerade in Krisenzeiten. Der Geschäftsführer muss die Finanzen prüfen, wenn er einen Verdacht hat, dass, z. B. aufgrund einer Krisensituation, Zahlungen nicht weiter geleistet werden, auch wenn er einer anderen Abteilung innerhalb des Unternehmens eingeteilt ist. Er kann sich somit nicht vor einem Schadensersatzanspruch schützen, auch wenn die Finanzabteilung nicht seinem Aufgabenbereich zugewiesen ist und er aus diesem Grund eine Prüfung unterlässt.[217]

7 Fazit

Zusammenfassend lässt sich sagen, dass der Gesetzgeber mit der Einführung des ESUG einen wichtigen Schritt in die richtige Richtung vorgegeben hat, um das deutsche Insolvenzrecht wieder attraktiver zu gestalten. Unternehmen erhalten eine zweite Chance, sowohl die Zukunft des Unternehmens, als auch die zugehörigen Arbeitsplätze zu sichern. Durch den Antrag auf Eigenverwaltung nach § 270 ff. InsO und dem Schutzschirmverfahren § 270b InsO hat der Geschäftsführer die Möglichkeit, binnen maximal drei Monaten einen Insolvenzplan auszuarbeiten, mit dessen Hilfe er das Unternehmen retten will. Das Besondere an dem Schutzschirmverfahren ist der gesetzliche Schutz vor den Gläubigern in der vom Insolvenzgericht festgelegten Zeit. Der Schutz wirkt sich so auf das Un-

---

[216] Vgl. Weyand, R., Vorenthalten von Sozialversicherungsbeiträgen, Abruf: 06.09.2014.
[217] Vgl. BGH vom 18.12.2012 – II ZR 220/10.

ternehmen aus, dass keinerlei Maßnahmen durch die Gläubiger getroffen werden können, die einer Sanierung des Unternehmens im Weg stehen würden.

Der Sachwalter erlangt im Schutzschirmverfahren eine sehr zentrale Bedeutung. Als unparteiischer Beobachter, aber auch als Berater des Geschäftsführers während des Schutzschirmverfahrens, wird ihm eine wertvolle Verantwortung zugesprochen. Durch seine beobachtende Tätigkeit und als Berichterstatter an den Gläubigerausschuss sowie an das Insolvenzgericht, kann er bei Bedarf in die Geschicke des Unternehmens eingreifen. Dies kann einen Anstoß geben, das Schutzschirmverfahren zu beenden, wenn ihm einschlägige Gründe auffallen, die das Schutzschirmverfahren nicht mehr rechtfertigen. Andererseits kann er auch durch seine Kenntnisse und sein Netzwerk zum Erfolg des Schutzschirmverfahrens beitragen, indem er dem Geschäftsführer beratend zur Seite steht. Die Voraussetzung hierzu ist, dass der Sachwalter wohlüberlegt gewählt wird. Eine langjährige Berufserfahrung sowie ein weitreichendes Netzwerk des Sachwalters können von großer Bedeutung sein, die sich der Geschäftsführer für ein erfolgreiches Schutzschirmverfahren zunutze machen kann.

Mit dem Schutzschirmverfahren erhält das in die Krise geratene Unternehmen die Möglichkeit, sich mithilfe der Gläubiger zu sanieren. Dabei ist es auch wichtig, dass Anfechtungen im Rahmen der Insolvenz ermöglicht werden, um ungerechtfertigte Vermögensverschiebungen rückabzuwickeln und nicht einzelne Gläubiger zu benachteiligen. Das Ziel der Insolvenz ist schließlich nach § 1 InsO die gemeinschaftliche Befriedigung aller Gläubiger. Die Anfechtungsmöglichkeiten gegen einzelne Gläubiger sind dem Insolvenzverwalter vorbehalten. Er allein darf in einem Insolvenzverfahren Anfechtungen nach §§ 129 ff InsO anstoßen, um die Insolvenzmasse zu schützen und um den Zustand wiederherzustellen, der gewesen wäre, wenn es nicht zu ungerechtfertigten Vermögensverschiebungen gekommen wäre. Dabei richtet sich die Anfechtung sowohl gegen die ungerechtfertigte Bereicherung von Gläubigern, als auch gegen die Gesellschafter, wenn es hier zu einer nicht berechtigten Vermögensverschiebung kommt.

Das Schutzschirmverfahren in der Eigenverwaltung birgt jedoch auch einige Risiken für den Geschäftsführer. Strafrechtliche Konsequenzen ergeben sich für den Geschäftsführer aus einer Reihe von deliktischen Tatbeständen. Durch eine Insolvenzverschleppung macht der Geschäftsführer sich im Besonderen strafbar. Das Strafmaß misst, gemessen an der Schwere der Insolvenzverschleppung, bis zu drei Jahren Freiheitsstrafe. Der Gesetzgeber möchte damit unterbinden, dass es zu einer Insolvenzverschleppung kommt. Durch die Sanierungsmöglichkeit, nach amerikanischem sowie englischem Vorbild, soll dies zusätzlich verhindert werden. Eine höchst brisante, und vom Gesetzgeber im Vorfeld nicht vollständig durchdachte Thematik ist die Strafbarkeit nach § 266a StGB. Der Geschäftsführer befand sich bis zuletzt in einem Zwiespalt, ob er Arbeitsentgelte, insbesondere die Sozialversicherungsbeiträge, an die Einzugsstellen abführen darf, wenn er die Eigenverwaltung bzw. das Schutzschirmverfahren beantragt hat. Dem Gesetz nach macht er sich strafbar, wenn er dies unterlässt. Erst durch ein Urteil des BGH ist hier Klarheit geschaffen worden, sodass der Geschäftsführer keine Strafe fürchten muss. Eine klare Regelung seitens des Gesetzgebers hätte hier sofortige Abhilfe schaffen können. Allerdings sind weitere strafrechtliche Konsequenzen beachtet worden, wenn der Geschäftsführer durch Betrug oder Bankrott auffällig wird. Das StGB lässt sich in diesen Tatbeständen gut mit der InsO vereinbaren, denn gerade in Zeiten einer Krise ist auffällig, dass Geschäftsführer versuchen, Vermögen aus dem Unternehmen unentdeckt bei Seite zu schaffen.

Im Gesamten kann im Ergebnis festgehalten werden, dass die Einführung des ESUG in weiten Teilen detailliert durchdacht ist, jedoch mit Ausnahme der Regelungen der Abführung von Sozialversicherungsbeiträgen an die Sozialversicherungsträger. Durch ESUG hat bereits eine Vielzahl von Unternehmen eine Sanierung mithilfe des Schutzschirmverfahrens erfolgreich abgeschlossen und einige sind auf einem guten Weg. Zukünftig ist für eine Verbesserung der deutschen Insolvenzkultur erforderlich, das Schutzschirmverfahren weiterhin anzuwenden. Nur so haben die Unternehmen eine echte Möglichkeit, sich zu sanieren und am Markt präsent zu bleiben.

Literaturverzeichnis

Literatur

Bales, Klaus, Insolvenzplan und Eigenverwaltung – Chancen für einen Neustart im Rahmen der Sanierung und Insolvenz, NZI 2008, 216

Becker, Christoph (2009): Insolvenzrecht, Verlag Carl Heymanns Verlag GmbH, 3. Auflage, Köln, München 2008

Binz, Fritz, Hess, Harald (2004): Der Insolvenzverwalter – Rechtsstellung, Aufgaben, Haftung, Verlag C. F. Müller, Heidelberg 2004

Bork, Reinhard (2012): Einführung in das Insolvenzrecht, Verlag Mohr Siebeck, 6. Auflage, Tübingen 2012

Braun, Eberhard, Riggert, Rainer, Kind, Thomas (2006): Schwerpunkte des Insolvenzverfahrens, Verlag Richard Boorberg Verlag GmbH & Co. KG, 3. Auflage, Stuttgart, München, Hannover, u.a. 2006

Bremen, Michael, Das Leitbild des sanierten Unternehmens im Schutzschirmverfahren, NZI 2014, 137

Breuer, Wolfgang (2011): Insolvenzrecht, Verlag C. H. Beck oHG, 3. Auflage, München 2011

Buchalik, Robert, Faktoren einer erfolgreichen Eigenverwaltung, NZI 2000, 294

Buchalik, Robert, Haarmeyer, Hans (2014): Der (vorläufige) Gläubigerausschuss, Buchalik Brömmekamp, 2. Auflage, Düsseldorf 2014

Crone, Andreas, Werner, Henning (Hrsg.) (2014): Modernes Sanierungsmanagement, Verlag Franz Vahlen GmbH, 4. Auflage, München 2014

Dannecker, Gerhard, Knierim, Thomas, Hagemeier, Andrea (2009): Insolvenzstrafsachen - Praxis der Strafverteidigung, Verlag C. F. Müller, Heidelberg, München, Landsberg, u.a. 2009

Dannecker, Gerhard, Knierim, Thomas, Hagemeier, Andrea (2009): Insolvenzstrafrecht, Verlag C. F. Müller, 2. Auflage, Heidelberg, München, Landsberg, u.a. 2012

Depré, Peter (2012): Unternehmenskrise: Sanieren oder Liquidieren?, Walhalla u. Praetoria Verlag GmbH & Co. KG, Regensburg 2012

Dobler, Thomas (2002): Das Insolvenzverfahren – Steuer- und handelsrechtliche Grundsätze bei der Rechnungslegung, Rechtswissenschaftlicher Verlag Dr. Th. Gabler GmbH, Wiesbaden 2002

Drescher, Ingo (2013): Die Haftung des GmbH-Geschäftsführers, RWS Verlag Kommunikationsforum GmbH, 7. Auflage, Köln 2013

Drygala, Tim, Staake, Marco, Szalai, Stephan (2012): Kapitalgesellschaftsrecht, Springer-Verlag, Berlin, Heidelberg 2012

Dumser, Klaus, Ban, Blazenka (2010): Steuerberaterprüfung – Schwerpunkt „Recht", Verlag Springer Gabler, 1. Auflage, Wiesbaden 2010

Flöther, Lucas F., Der vorläufige Sachwalter – Pilot, Co-Pilot oder fünftes Rad am Wagen?, ZInsO 2014, 465

Foerste, Ulrich (2008): Insolvenzrecht – Grundrisse des Rechts, Verlag C. H. Beck oHG, 4. Auflage, München 2008

Georg, David (2011): Gesellschafterdarlehen in der Insolvenz – die Entwicklung seit Schaffung des GmbH-Gesetzes im Jahre 1892, LIT Verlag Dr. W. Hopf, Berlin 2011

Godron, Axel, Walderdorff, Georg, Boss, Walter H. (2014): Asset Protection - Vermögen schützen, Walhalla u. Praetoria Verlag GmbH & Co. KG, 1. Auflage, München, Wien, Zürich 2014

Gogger, Martin (2005): Insolvenzrecht, Verlag H.C. Beck oHG, München 2005

Graf, Jürgen-Peter (2006): BGH-Rechtsprechung Strafrecht 2010, De Gruyter Rechtswissenschaften Verlags-GmbH, Berlin, New York 2011

Güther, Robert (2006): Die Insolvenzanfechtung der Deckung von Altverbindlichkeiten, De Gruyter Rechtswissenschaften Verlags-GmbH, Band 3, Berlin 2006

Haarmeyer, Hans, Buchalik, Robert (2012): Sanieren statt Liquidieren – Neue Möglichkeiten der Sanierung durch Insolvenz nach dem ESUG, Verlag NWB GmbH & Co. KG, 1. Auflage, Herne 2012

Hansen Díaz, Andreas (2012): Unternehmensinsolvenzen in Europa im Vergleich der deutschen und spanischen Verfahrensmechanismen, LIT Verlag Dr. W. Hopf, Berlin 2012

Harant, Irina (2013): Das Schutzschirmverfahren nach dem Gesetz zur weiteren Erleichterung der Sanierung von Unternehmen (ESUG): Ein Vergleich zu den Regelungen von Chapter 11 of Title 11 of the United States, Diplomica Verlag GmbH, Hamburg 2013

Harbeck, Nils, Ermächtigung des Schuldners zur Begründung von Masseverbindlichkeiten in Form eines Sanierungsberatungsvertrages mit dem vorläufigen Sachwalter, DZWIR 2014, 13

Häger, Michael, Wilts, Rainer (2005): Checkbuch Insolvenz – 22 Checklisten zu Einleitung, Ablauf und Handlungsmöglichkeiten, Verlag Dr. Otto Schmidt KG, 2. Auflage, Köln 2005

Häsemeyer, Ludwig (2007): Insolvenzrecht, Verlag Carl Heymanns GmbH, 4. Auflage, Köln, München 2007

Heim, Cornelia (2013): Die Vereinbarkeit der deutschen Betrugsstrafbarkeit (§ 263 StGB) mit unionsrechtlichen Grundsätzen und Regelungen zum Schutz der Verbraucher vor Irreführungen, Verlags V&R unipress GmbH, Göttingen 2013

Henckel Wolfram (2008): Anfechtung im Insolvenzrecht, De Gruyter Rechtswissenschaften Verlags-GmbH, Berlin 2008

Hess, Harald (2007): Insolvenzrecht: Tipps und Taktik, Verlag C. F. Müller, 4. Auflage, Heidelberg, München, Landsberg, u.a. 2007

Hirte, Heribert, Knof, Béla, Mock, Sebastian (2012): Das neue Insolvenzrecht nach dem ESUG, Verlag C. H. Beck oHG, München 2012

Hofmann, Matthias, Die Vorschläge des DiskE-ESUG zur Eigenverwaltung und zur Auswahl des Sachwalters – Wege und Irrwege zur Erleichterung von Unternehmenssanierungen, NZI 2010, 798

Hohberger, Stefan, Damlachi, Hellmut, (2014): Praxishandbuch Sanierung im Mittelstand, Verlag Springer Gabler, 3. Auflage, Wiesbaden 2014

Holzborn, Timo, Just, Daniela, (2013): Haftung und Insolvenz in der GmbH, Verlag H. C. Beck oHG, München 2013

Hommel, Ulrich, Knecht, Thomas, Wohlenberg, Thomas (2006): Handbuch Unternehmensrestrukturierung, Springer-Verlag, Wiesbaden 2006

Jäger, Jens (2012): Unternehmenskauf in der Krise – bietet uns das ESUG neue Perspektiven?, in: Saenger/Schewe (Hrsg.), Forum Mergers & Acquisitions 2012: Beiträge aus rechts- und wirtschaftswissenschaftlicher Sicht, Verlag Springer Fachmedien Wiesbaden GmbH, Wiesbaden 2012, S. 33 – 48

Jensen, Thore, „Stufenverhältnis" zwischen §§ 130, 131 InsO und § 133 InsO?, NZI 2013, 471

Jula, Rocco (2012): Der GmbH-Geschäftsführer, Springer-Verlag, 4. Auflage, Heidelberg 2012

Jula, Rollo, Sillmann, Barbara (2010): Handbuch GmbH: Gründung - Führung – Sicherung, Verlag Haufe-Lexware GmbH & Co. KG, 3. Auflage, Freiburg 2010

Jockheck, Stephan (2011): Insolvenzanfechtung bei Gesellschafterdarlehen - Die neue Rechtslage nach dem MoMiG und ihre Anwendbarkeit auf EU-Auslandsgesellschaften, Diplomica Verlag GmbH, Hamburg 2011

Kammel, Volker, Staps, Christian, Insolvenzverwalterauswahl und Eigenverwaltung im Diskussionsentwurf für ein Sanierungserleichterungsgesetz, NZI 2010, 791

Kaufmann, Sebastian, (2011): Das Unternehmen in Krise und Insolvenz, Verlag edition Sächsische Zeitung, 1. Auflage, Dresden 2011

Kayser, Godehard (2010): Höchstrichterliche Rechtsprechung zum Insolvenzrecht, Verlag Carl Heymanns GmbH, 4. Auflage, Köln 2010

Keller, Ulrich (2006): Insolvenzrecht, Verlag Franz Vahlen GmbH, München 2006

Körner, Martin, Die Eigenverwaltung in der Insolvenz als bestes Abwicklungsverfahren?, NZI 2007, 270

Kramer, Ralph, Peter, Frank K. (2014): Insolvenzrecht – Grundkurs für Wirtschaftswissenschaftler, Verlag Springer Fachmedien Wiesbaden GmbH, 3. Auflage, Wiesbaden 2014

Kranz, Hans-Peter (2008): Begünstigung? Steuerausfälle in 3-stelliger Millionenhöhe wegen Gestaltungsmißbrauch (§42 AO) !, Verlag Books on Demand GmbH, Norderstedt 2008

Liebig, Max (2010): Reaktivierungsmanagement von Not leidenden Unternehmen: Sanierungsmöglichkeiten im Rahmen der Insolvenzordnung, Verlag Springer Fachmedien Wiesbaden GmbH, 1. Auflage, Wiesbaden 2010

Lind, Thorsten P. (2006): Zur Auslegung von § 133 InsO, insbesondere im System der Anfechtungstatbestände, Diss., Verlag TENEA Ltd., Bristol, Berlin 2006

Lixfeld, Simon (2010): Planung und Beschaffung von Liquidität in Insolvenzverfahren, Diss., Verlag JOSEF EUL GmbH., Lohmar, Köln 2010

Lüneborg, Cäcilie (2010): Das neue Recht der Gesellschafterdarlehen, Diss., Verlag Peter Lang GmbH, Frankfurt am Main 2010

Meller-Hannich, Caroline (2010): Berücksichtigung absonderungsberechtigter Gläubiger in: Jaeger Insolvenzordnung: §§ 174-216, Verlag Walter de Gruyter GmbH & Co. KG, Band 6, Berlin, New York 2010, S. 244 - 251

Neyses, Andrea (2012): Die Insolvenzanfechtung in Mehrpersonenverhältnissen, Verlag Mohr Siebeck, Tübingen 2012

Niering, Christoph, Hillebrand, Christoph (2012): Wege durch die Unternehmenskrise, Deubner Verlag GmbH & Co.KG, Köln 2012

Neuner, Ester (2013): Eigenverwaltung als Sanierungsinstrument - Ein Widerspruch zur Insolvenzursachenforschung?, Diplomica Verlag GmbH, Hamburg 2013

Obermüller, Manfred, Hess, Harald (2003): InsO – Eine systematische Darstellung des neuen Insolvenzrechts, Verlag C. F. Müller, 4. Auflage, Heidelberg 2003

OLG Dresden, Abwendbarkeit des Insolvenzanfechtungsrechts im Eigenverwaltungsverfahren NZI 2017, 703

Pape, Gerhard, Uhlenbruck, Wilhelm, Voigt-Salus, Joachim (2010): Insolvenzrecht, Verlag C. H. Beck oHG, 2. Auflage, München 2010

Passarge, Malte (2009): Krise und Insolvenz, in: Haufe (Hrsg.), Das neue GmbH-Recht, Rudolf Haufe Verlag GmbH & Co. KG, Freiburg, Berlin, München 2009, S. 193 - 214

Paulus, Christoph G. (2007): Insolvenzrecht, Verlag Recht und Wirtschaft GmbH, Frankfurt am Main 2007

Reischl, Klaus (2011): Insolvenzrecht, Verlag C. F. Müller, 2. Auflage, Heidelberg, München, Landsberg, u.a. 2011

Riedel, Ernst (2014): Die Rechtsfolgen der Existenzvernichtungshaftung, Verlagsgruppe Hüthig Jehle Rehm GmbH, Heidelberg, München, Landsberg, u.a. 2014

Römermann, Volker, Neues Insolvenz- und Sanierungsrecht durch das ESUG, NJW 2012, 645

Römermann, Volker, Praß, Jan-Philipp (2012): Das neue Sanierungsrecht für Unternehmen, Walhalla u. Praetoria Verlag GmbH & Co. KG, Regensburg 2012

Schäfer, Berthold (2008): Insolvenzanfechtung – anhand von Rechtsprechungsbeispielen, Verlag Carl Heymanns GmbH, Köln, München 2008

Schirmer, Kurt-Peter (2010): Krise - Insolvenz - Was nun?, Verlag tredition GmbH, 2010

Schmittmann, Jens M., Dannemann, Dirk (2012): Gesetz zur weiteren Erleichterung der Sanierung von Unternehmen, in: VR 2012, 58. Jg. Nr. 3, S. 73 - 80

Schmittmann, Jens M., Dannemann, Dirk (2013): Schutzschirmverfahren vs. Insolvenzanfechtung?, in: ZIP 2013, Nr. 16, S. 760 – 766

Schmittmann, Jens M., Dannemann, Dirk (2014): Massesicherungs- versus Steuerzahlungspflicht im Schutzschirmverfahren nach § 270b InsO – Einen Tod muss der Geschäftsführer sterben?!, in: ZIP 2014, Nr. 30, S. 1405 - 1414

Schröder, Hubertus (2010): Die Abwicklung des masseunzulänglichen Insolvenzverfahrens, Verlag Walter de Gruyter GmbH & Co. KG, Band 19, Berlin, New York 2010

Schulz, Dirk, Bert, Ulrich, Lessing, Holger (2012): Handbuch Insolvenz – Insolvenzverfahren, Haftung Gläubigerschutz, Verlag Haufe-Lexware GmbH & Co. KG, 4. Auflage, Freiburg 2012

Schütte, Dieter B., Horstkotte, Michael, Rohn, Steffen, Schubert, Mathias (2006): Die öffentliche Körperschaft als Insolvenzgläubiger, Verlag W. Kohlhammer GmbH, Stuttgart 2006

Sicklinger, Stephan, (2009): Das neue tschechische Insolvenzrecht aus der Sicht des deutschen Gläubigers, JWV Jenaer Wissenschaftliche Verlagsgesellschaft mbH, Jena 2009

Smid, Stefan, (2012): Handbuch Insolvenzrecht, Verlag Walter de Gruyter GmbH & Co. KG, 6. Auflage, Berlin, Boston 2012

Thole, Christoph (2010): Gläubigerschutz durch Insolvenzrecht: Anfechtung und verwandte Regelungsinstrumente in der Unternehmensinsolvenz, Verlag Mohr Siebeck, Tübingen 2010

Vallender, Heinz, Insolvenzkultur gestern, heute und morgen, NZI 2010, 838

Völker, Lutz, (2014): Unternehmensrecht kompakt, Verlag Books on Demand GmbH, 3. Auflage, Norderstedt 2014

Wackerbarth, Ulrich, Eisenhardt, Ulrich (2013): Gesellschaftsrecht II. Recht der Kapital-gesellschaften, Verlag C. F. Müller, Heidelberg, München, Landsberg, u.a. 2013

Waza, Thomas, Uhländer, Christoph, Schmittmann, Jens M. (2012): Insolvenzen und Steuern, Verlag NWB GmbH & Co. KG, 9. Auflage, Herne 2012

Wegner, Carsten (2012): Krise und Insolvenz, in: Achenbach/Ransiek (Hrsg.), Handbuch Wirtschaftsstrafrecht, Verlag C. F. Müller, 3. Auflage, Heidelberg, München, Landsberg, u.a. 2012, S. 857 - 922

Westrick, Ludger, Chancen und Risiken der Eigenverwaltung nach der Insolvenzord-nung, NZI 2003, 65

Wissmann, Manfred (2009): MoMiG – Das neue GmbH-Recht, Deutscher Anwaltverlag, 1. Auflage, Bonn 2009

Ziegenhagen, Andreas, Thieme, Hauke (2010): Besteuerung in Krise und Insolvenz, Ver-lag Springer Fachmedien Wiesbaden GmbH, 1. Auflage, Wiesbaden 2010

Zimmermann, Walter (2012): Grundriss des Insolvenzrechts, Verlag C. F. Müller, 8. Auf-lage, Heidelberg, München, Landsberg, u.a. 2012

Zipperer, Helmut, Vallender, Heinz, Die Anforderungen an die Bescheinigung für das Schutzschirmverfahren, NZI 2012, 729

sonstige Quellen

BR-Drs. 1/92: Entwurf einer Insolvenzordnung (InsO) vom 03.01.1992, Abruf unter: http://dipbt.bundestag.de/doc/brd/1992/D1+92.pdf

BR-Drs. 127/11: Gesetzentwurf der Bundesregierung. Entwurf eines Gesetzes zur weite-ren Erleichterung der Sanierung von Unternehmen vom 04.03.2011, Abruf unter: http://dipbt.bundestag.de/dip21/brd/2011/0127-11.pdf

Brennecke & Partner (2006): Vorrang der Abführung von Sozialversicherungsbeiträge gemäß § 266a StGB gegenüber der Massesicherheit gemäß § 64 II GmbHG in der Phase der Insolvenzreife, URL: http://www.brennecke.pro/48442/Vorrang-der-Ab-fuehrung-von-Sozialversicherungsbeitraege-gemaess--266a-StGB-gegenueberder-Massesicherheit-gemaess--64-II-GmbHG-in-der-Phase-der-Insolvenzreife Abruf: 06.09.2014

BT-Drs. 16/6140: Gesetzentwurf der Bundesregierung. Entwurf eines Gesetzes zur Modernisierung des GmbH-Rechts und zur Bekämpfung von Missbräuchen (MoMiG) vom 25.07.2007, Abruf unter: dip21.bundestag.de/dip21/btd/16/061/1606140.pdf

BT-Drs. 17/7511: Beschlussempfehlung und Bericht des Rechtsausschusses (6. Ausschuss) vom 26.10.2011, Abruf unter:
http://dip21.bundestag.de/dip21/btd/17/075/1707511.pdf

BT-Drs. 17/5712: Gesetzentwurf der Bundesregierung. Entwurf eines Gesetzes zur weiteren Erleichterung der Sanierung von Unternehmen vom 04.05.2011, Abruf unter:
http://dip21.bundestag.de/dip21/btd/17/057/1705712.pdf

Bundesministerium für Justiz und für Verbraucherschutz (2014): Reform des Insolvenzrechts, URL: http://www.bmjv.de/DE/Themen/FinanzenundVersicherungen/Insolvenzrecht/insolvenzrecht_node.html, Abruf: 31.08.2014

Dr. Dr. Jörg Berwanger (ohne Jahr): Bankrott, Gabler Wirtschaftslexikon, URL: http://wirtschaftslexikon.gabler.de/Archiv/3327/bankrott-v11.html, Abruf: 30.08.2014

Dr. Dr. Jörg Berwanger (ohne Jahr): Persönlich haftender Gesellschafter, Gabler Wirtschaftslexikon, URL: http://wirtschaftslexikon.gabler.de/Archiv/6678/persoenlich-haftender-gesellschafter-v8.html, Abruf: 19.06.2014

Dr. Eggert Winter (ohne Jahr): Insolvenzverwalter, Gabler Wirtschaftslexikon, URL: http://wirtschaftslexikon.gabler.de/Archiv/1682/insolvenzverwalter-v8.html, Abruf: 19.06.2014

Dr. Eggert Winter (ohne Jahr): Sequester, Gabler Wirtschaftslexikon, URL: http://wirtschaftslexikon.gabler.de/Archiv/15687/sequester-v6.html, Abruf: 22.06.2014

Duden (ohne Jahr): Inkongruenz, Duden, URL: http://www.duden.de/rechtschreibung/Inkongruenz, Abruf: 04.10.2014

Duden (ohne Jahr): Kongruenz, Duden, URL: http://www.duden.de/suchen/dudenonline/Kongruenz, Abruf: 13.07.2014

Heide, Dana (2013): Schöner Scheitern, Handelsblatt, URL: http://www.handelsblatt.com/unternehmen/mittelstand/insolvenzrecht-schoener-scheitern/8606460.html, Abruf: 31.08.2014

JURION Insolvenzrecht (ohne Jahr): Masseverbindlichkeiten, URL: http://www.insolvenzrecht.jurion.de/meine-inhalte/fachbuecher/fachlexika/abc-des-insolvenzrechts/masseverbindlichkeiten, Abruf: 06.07.2014

Koalitionsvertrag zwischen CDU, CSU und FDP, Wachstum, Bildung, Zusammenhalt, 2009, Abruf unter: https://www.bmi.bund.de/SharedDocs/Downloads/DE/Ministerium/koalitions-vertrag.pdf

Perspektive Mittelstand (2014): Zwei Jahre Schutzschirmverfahren - eine Bilanz, URL: http://www.perspektive-mittelstand.de/Unternehmenssanierung-Zwei-Jahre-Schutzschirmverfahren-eine-Bilanz/management-wissen/print/5823.html, Abruf: 27.09.2014

Prof. Dr. Günter W. Maier (ohne Jahr): Vorsatz, Gabler Wirtschaftslexikon, URL: http://wirtschaftslexikon.gabler.de/Archiv/2357/vorsatz-v11.html, Abruf: 07.08.2014

Weyand, Raimund (2003): Vorenthalten von Sozialversicherungsbeiträgen, IWW Institut für Wissen in der Wirtschaft GmbH & Co. KG, URL: http://www.iww.de/pstr/archiv/insolvenz-vorenthalten-von-sozialversicherungsbeitraegen-f37444, Abruf: 06.09.2014

Printed in Poland
by Amazon Fulfillment
Poland Sp. z o.o., Wrocław

11617106R00040